EBENFALLS VON TOM PETERS

Auf der Suche nach Spitzenleistungen
(mit Robert H. Waterman, Jr.)

Leistung aus Leidenschaft
(mit Nancy Austin)

Kreatives Chaos

Jenseits der Hierarchien

Das Tom Peters Seminar

Der WOW!-Effekt

Der Innovationskreis

TOP50 – Selbstmanagement
TOP50 – Projektmanagement

Tom Peters

TOP50 *Servicemanagement*

Aus dem Amerikanischen
von Nikolas Bertheau

Machen Sie aus sich den perfekten Dienstleister

FÜNFZIG TIPPS WIE SIE AUS IHREM ARBEITSBEREICH
EINE PROFESSIONELLE SERVICEFIRMA MACHEN, DEREN
MARKENZEICHEN ENGAGEMENT UND INNOVATION SIND

Die amerikanische Originalausgabe erschien 1999 unter dem Titel *Reinventing Work: The Professional Service Firm. Fifty Ways to transform Your »Department« into a Professional Service Firm Whose Trademarks are Passion and Innovation* bei Alfred A. Knopf Publisher, New York.

This translation published by arrangement with Alfred A. Knopf, Inc.

Der Econ Verlag ist ein Unternehmen
der Econ Ullstein List Verlag GmbH & Co. KG, München

1. Auflage 2001

ISBN 3-430-17462-7

Lektorat: Dr. Petra Sternecker
Gesetzt aus der 9,5/11 Officina Sans bei Design-Typo-Print GmbH, Ismaning
Druck und Bindearbeiten: Pustet, Regensburg

WIDMUNGEN

Marvin Bower, Großmeister von McKinsey & Co. (Mister PSF!).

David Ogilvy, 1911–1999, Guru und Gründer von Ogilvy & Mather.

David Kelley, IDEO Design & Product Development, die einzige Firma (abgesehen von der meinigen), für die zu arbeiten ich mir vorstellen könnte.

REIHE 50: CREDO

IHR SCHREIBTISCHSKLAVEN ...
STREIFT DIE STÖCKELSCHUHE AB ...
LOCKERT DIE KRAWATTEN ...

ARBEIT KANN COOL SEIN!

ARBEIT KANN SCHÖN SEIN!

ARBEIT KANN SPAẞ MACHEN!

ARBEIT KANN ETWAS BEWIRKEN!

SIE KÖNNEN ETWAS BEWIRKEN!

NIEDER MIT DEN BÜROWÄNDEN!

RUNTER MIT DEN DILBERT-CARTOONS!

DIE BÜROREVOLUTION IST AUSGEBROCHEN!

90 PROZENT UNSERER JOBS
SIND IN GEFAHR!

NEHMEN SIE IHR LEBEN SELBST
IN DIE HAND!

STELLEN SIE DIE HIERARCHIE AUF DEN KOPF!

MACHEN SIE JEDES PROJEKT
ZU EINEM WOW!

SEIEN SIE ETWAS BESONDERES, ...
ODER SIE WERDEN AUSGESONDERT!

EIN NEUES JAHRTAUSEND BEGINNT: WENN NICHT JETZT, ...
W-A-N-N D-A-N-N?

REIHE 50
VORWORT

Wir wollen Dilbert nicht kritisieren. Wer würde das wagen? Aber wir glauben, dass Arbeit cool sein kann. DASS ARBEIT SINN MACHT. Tom Peters

Arbeit – Ihre und meine – wie wir sie heute kennen, wird in den nächsten zehn Jahren neu erfunden werden. So einfach ist das. Und so folgenreich. Hier erfahren Sie, warum …

Der alte Gewerkschaftsaktivist erinnert sich. 1970 (nicht gerade eine Ewigkeit her) brauchten 108 Kerle fünf Tage, um eine Schiffsladung Holz zu entladen. Und heute? Die Stunde der Container hat geschlagen: acht Leute … ein Tag.

So war es auf dem Bauernhof, als der Mähdrescher Einzug hielt. Und so war es in den Lagerhäusern, als der Gabelstapler kam. Und dasselbe geschah in den Docks.

Aber hoppla, ein neues Jahrtausend bricht an. 90 und mehr Prozent von uns – sogar im so genannten »produzierenden« Gewerbe – arbeiten an Schreibtischen. Tatsache ist: Von Produktivität im Büro kann keine Rede sein. Hat uns auch nicht wirklich interessiert. Noch nie. Bis jetzt …

Es ist ein absolut neues Spiel. DIE BÜROREVOLUTION IST AUSGEBROCHEN! Der »Laden« der Buchhaltung wird unter dieselbe Lupe genommen wie bisher die Werften. Wir werden uns noch umsehen.

Die Revolution: Informationssysteme, Informationstechnologie, Ressourcenplanungssysteme, Intranets, Wissenskapitalmanagement, Kundenmanagement, das Internet, Globalisierung, weltweite Deregulierung. Etc. Etc. All

das führt zu einer revolutionären Umwälzung von einer Größenordnung, wie sie – ohne Übertreibung – nur alle 100, 200, 500(?) Jahre stattfindet.

Womit wir bei dieser neuen Buchreihe sind, die nichts weniger zum Ziel hat, als Arbeit völlig neu zu erfinden (was wir denken, was wir tun, wie wir uns einbringen). Die revolutionäre Neuerfindung der Arbeit bietet die einmalige Gelegenheit zur Befreiung – in unseren Organisationen und in unserem Leben.

Dieses Buch gehört zur ersten Serie einer Veröffentlichungsreihe, der wir den Titel TOP50 gegeben haben. Jedes Buch beschreibt einen anderen Aspekt von Arbeit in der New Economy. Jedes Buch kreist um 50 elementare Ideen.

Die Herausgeber

INHALT

12. Seien Sie … L-E-I-D-E-N-S-C-H-A-F-T-L-I-C-H.
13. Nehmen Sie eine *Bewertung* vor: Haben wir etwas bewirkt?
14. »Durch und durch professionell« reicht nicht, SEIEN SIE … PROVOKATIV.
15. F-Ü-H-R-E-N SIE IHRE KUNDEN!
16. Ein weiteres Merkmal von WOW!-Qualität: Kundenpolitik.
17. Kein PSF-Erfolg ohne … die edle Kunst der Balance.
18. Buchhaltung (etc.) ist eine darstellende Kunst.
19. Um bei dem Beispiel zu bleiben: Buchhaltung ist ein »Geschäft«.
20. Haben Sie wirklich waghalsige Projekte auf Ihrer Liste?
21. Hinterlassen Sie ein … VERMÄCHTNIS.
22. Ganz … oder gar nicht!
22a. Praktizieren Sie »serielle Monogamie«.
23. PSFs brauchen Leitbilder!
23a. Das Ziel: Anderen helfen!

IV. Mit den Kunden leben!

24. Machen Sie Kunden zum integralen Bestandteil jedes Projektteams.
24a. Mit dem Kunden unter einem Dach!
24b. Machen Sie aus Ihren Kunden Experten!
24c. Erhöhen Sie nach und nach die »Risikobereitschaft« des Kunden.
25. Bestehen Sie am Ende jedes Projekts auf einer formellen Bewertung aller Beteiligten durch Ihre Kunden.

25a. Seien Sie sich stets Ihrer externen Ausrichtung bewusst.

26. Kundenorientierung = PSF-Imperativ.

27. Arbeiten Sie mit außergewöhnlichen Externen zusammen. E-r-w-e-i-t-e-r-n Sie Ihren Horizont.

V. Die Kultur der Dringlichkeit!

28. Erzeugen Sie eine Atmosphäre der »Dringlichkeit«/»Spannung«/»Lebendigkeit«/»Begeisterung«.

29. »Heiße« Teams brauchen entsprechende Wirkungsstätten.

30. Feiern Sie … *jeden* Erfolg!

30a. Der Weg zu lohnenden Projekten ist steinig.

30b. Sie brauchen einen Hofnarren!

31. Kümmern Sie sich um die »Hilfsmannschaft« im Hintergrund.

32. Ein unerbittlicher Terminkoordinator ist ein Muss!

32a. ES GEHT UM GELD!

33. Beachten Sie die »hard facts« … z. B.: METHODIK.

34. Setzen Sie auf Marketing.

VI. Wir sind unser Wissen!

35. Werden Sie zum Verfechter von Forschung & Entwicklung.

35a. Wenden Sie einen beträchtlichen Teil Ihrer Energie/Mittel für die Entwicklung von Wissen auf.

36. Machen Sie aus Ihrem gegenwärtigen Projektportfolio eine Fundgrube für F&E.

37. Entwickeln Sie ein Bewusstsein für … DESIGN.

Der

professionelle Dienstleister

Top 50

EINLEITUNG: DIE UNERBITTLICHE »PSF-LOGIK«

Die Bürorevolution wird mehr als 90 Prozent von uns erfassen. Und zwar rasch. Die alltäglichen, wenngleich traumatischen Veränderungen, wie sie bereits die Fabrik, den Vertrieb und die Londoner Docks heimgesucht haben, rasen jetzt auf die relativ unversehrte Welt von »Einkauf«, »Finanzen«, »Personalwesen« und »Informationstechnologiesystemen« zu.

Natürlich hatten wir in den 90er-Jahren »Reengineering« und »Downsizing«. Aber Tatsache ist, dass die Arbeit in der Finanzabteilung heute annähernd genauso aussieht wie vor Jahrzehnten. Wir schieben »Papiere« hin und her – gewiss, elektronisch – aber die Themen sind mehr oder weniger dieselben geblieben. Und die schleppenden Bearbeitungszeiten sind so nervtötend wie eh und je. Wie auch die kleinen Tyrannen, die die Prozesse beaufsichtigen. (Siehe Dilberts unverminderte Popularität; der Comicstrip illustriert den Arbeitsalltag meines Vaters im Credit and Collections Department bei der Baltimore Gas & Electric Company von circa 1955 ebenso getreu, wie er die Bürowelt zur Jahrtausendwende einfängt.)

Aber – ich wiederhole mich – all das wird sich bald ändern. So genannte Enterprise-Resource-Planning-Systeme von SAP, People-Soft, Baan u. a. werden innerhalb des nächsten Jahrzehnts zu einer hohen Gangart führen. Gewaltige Wissensmanagement- und Wissensnutzungssysteme werden auf Volldampf laufen … oder sollte ich sagen: ihre Datenströme mit Lichtgeschwindigkeit verschicken.

Die Gefährdeten unter uns – vergessen Sie nicht: mindestens 90 Prozent! – müssen ein neues Spiel erfinden. Ein *heißes* Spiel, das aus der »Buchhaltung«, der einstigen Zielscheibe ungezählter Witze über »nutzlosen Überbau«, »vorsätzliche Verschleierer« und »kleinliche Bürokraten«, das … tä-tä-Tusch und Vorhang auf … heißa! … **funkelnde schillernde Zentrum der aufregenden Wertschöpfung durch die Anhäufung von Wissenskapital** macht.

Klingt zu fantastisch in für Ihre Ohren? Gut.

Aber …

was ist die (Ihre) Alternative?

EINE ANTWORT/D-I-E ANTWORT?

Ich behaupte, dass es eine Alternative, sogar eine Antwort *gibt*. Und die liegt – seit langem – direkt vor unser aller Nase. Nämlich: die »wirkliche« professionelle Servicefirma, oder PSF. A la McKinsey & Co., Chiat/Day, Arthur Andersen. Und Andersen Consulting, IDEO. Und EDS, Price Waterhouse Coopers, Kleiner Perkins Caufield & Byers. Wilson, Sonsini, Goodrich & Rosati. Etc.

Diese Firmen können klein … oder riesengroß sein. (EDS beschäftigt weit über 100 000 Leute.) Aber unabhängig von ihrer Größe bieten sie Dienstleistungen, die rein auf intellektuellen Leistungen beruhen, besitzen verdammt wenig »harte« Vermögenswerte und erwirtschaften unterm Strich bisweilen Milliarden. Sie leisten gute Arbeit. Wertvolle Arbeit. Und häufig wichtige Arbeit.

Zudem ist das Leben in deiner PSF so weit weg vom öden Trott in Dilbertville (will heißen: »Abteilungen«), wie man sich nur vorstellen kann.

PSF-WELT	FINANZABTEILUNG/ETC.
Nicht im Büro. (Sondern beim Kunden.)	Im Büro.
Mittagessen mit einer coolen Bekanntschaft, um auf neue Ideen zu kommen.	Mittagessen mit den ewig gleichen Leuten.
Mit einem WOW!-Projekt beschäftigt.	Eine lange, öde Liste abarbeiten.
Vorbereitung eines entscheidenden Gesprächs mit einem hochrangigen Kunden in zwei Tagen. (Weltcup-Fieber!)	Mit engen Kollegen an den Feinheiten des jüngsten »Memos« arbeiten.
Besprechung des Designs der Kundenpräsentation mit dem Grafikspezialisten.	Äh?
Mit Externen eine coole Marktanalyse erarbeiten.	Immer die altbekannten Gesichter sehen!
Zwei Brainstormings – die meisten Teilnehmer sind nicht aus unserer Abteilung. (Die Hälfte sind Externe/neue Leute.)	Sechs hoffnungslos bürokratische Besprechungen mit denselben alten misstrauischen Bürokraten.
Telefongespräch mit der Chefin, um (1) den Stand des gegenwärtigen Projekts zu besprechen (sie will viel mehr WOW!!) und (2) das nächste Kundenprojekt ins Auge zu fassen.	Vom Chef einbestellt, um das sorgfältig verfasste, trockene Memo zu besprechen.

PSF-WELT	FINANZABTEILUNG/ETC.
Telefongespräch: Sie werden von einem hoch angesehenen Experten »der Firma« rekrutiert.	In der Teeküche über »die anderen« herziehen.
Gründliche Befragung zweier Kundenexperten.	Immer dieselben alten Quellen.

Cocktails (oder Squash!) mit einem fabelhaften Typen, den Sie einmal rekrutieren möchten.	**Ein Bier nach der Arbeit mit immer denselben Freunden, um über ... dieselben Themen zu lästern.**
Mental und emotional geschafft am Ende des Tages.	**Gelangweilt bis zum Umfallen. (Mal wieder.)**
Gespannt vor Aufregung.	**Brauche dringend ein Bier!**

Warum also haben wir diese Firmen so lange draußen im Kalten gelassen? Warum haben wir sie nicht studiert? **(Haben wir nicht. Punkt.)** Ich denke, es gibt eine Antwort. Kurz: Wir haben sie nicht ernst genommen! Als ich 1974 zu McKinsey & Co. kam, galten die Berater ... und Juristen ... und Wirtschaftsprüfer und die Leute in den Werbeagenturen als Blutsauger und Parasiten, die auf Kosten der ehrlichen Arbeiter – Mitglieder der Stahl-, Bergbau- und Automobilgewerkschaften – lebten.

Und dann geschah das Lustige.

Wir erwachten eines Morgens und stellten fest, wir hatten ... gewonnen!

Die Wirtschaft hatte eine 180-Grad-Kehrtwende vollzogen. Bill Gates wurde zum reichsten Mann der Welt ... und die »weichen Typen«, die Dienstleistungsanbieter, hatten das Sagen. Von Hollywood über Silicon Valley ... bis zur wiederbelebten (Marken über alles!) Madison Avenue.

Und so begannen wir, von »virtuellen Organisationen« und der »Akkumulation von Wissenskapital« zu faseln. Exotisch und neu. Und wir stellten uns vor, wir müssten ein nagelneues Rad erfinden.

Keineswegs!

Ich bin der erste, der zugibt, dass es »unprofessionelle« Servicefirmen gibt ... ebenso, wie es inkompetente Einzelhändler oder Second Basemen gibt, die schlappe .200 schlagen. Aber von der Spitze können wir – ebenso wie beim Einzelhandel – eine Menge lernen. Beispielsweise über glänzende Projekte, die Wert erzeugen. Das heißt: Arbeit, die Sinn macht!

DAS »MODELL«

Unser Modell ist einfach. Es bildet die Grundlage für dieses und andere Bücher der Reihe *Top50*.

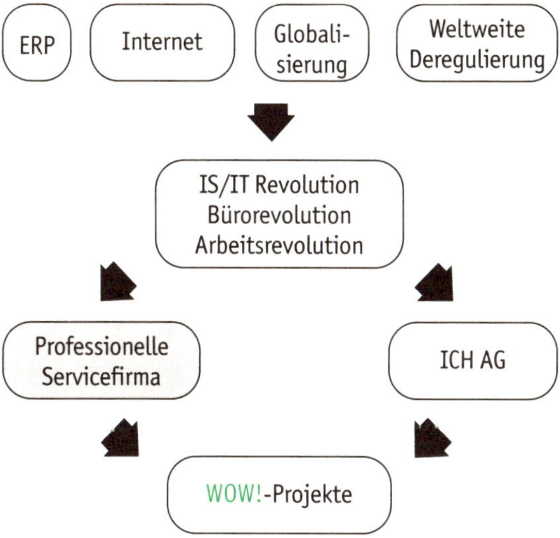

Einschlagsgebiet dieses Jahrtausendmeteors: die Büros **(das bedeutet: Sie, ich!).**

Wer überleben will – ob auf einer Firmengehaltsliste oder nicht – muss (fast) alles Gelernte über Bord werfen und **(1)** die Eigenschaften/Qualitäten einer PSF/Professionellen Servicefirma entwickeln (das Thema dieses Buches). Er wird sich **(2)** de facto (wenn nicht de jure) wie ein selbständiger Unternehmer, oder was ich eine ICH AG nenne, verhalten. (Siehe *TOP50 - Selbstmanagement*.). Das heißt, die Überlebenden werden ein Produkt »sein« ... und sich ... durch e-t-w-a-s Besonderes ... auszeichnen müssen. Und **(3)** der »Grundstoff« – das Fundament – für PSF, ICH AG und Bürorevolution: das Projekt. (Siehe *TOP50 – Projektmanagement*).

»UNTERM STRICH«: FASZINIERENDE AUSSICHTEN

Das ist es also, worauf es ankommt!

Befreiung!

Arbeit vollkommen verändern!

Eine Arbeit leisten, die Sinn macht!

Zur ICH AG werden!

In einer schillernden professionellen Servicefirma leben, einer Abteilung, die ... zählt!

Wir denken, dass dieses logische Argument für eine vollkommene Veränderung der Arbeit wasserdicht ist. Also tun Sie es uns gleich:

Suchen Sie das Abenteuer einer Arbeit, die **WOW!** hat

KURZE GEBRAUCHSANLEITUNG

Es folgt ein Porträt. Das Porträt einer »Abteilung«, die sich in eine voll entwickelte professionelle Servicefirma verwandelt. Die Ziele sind hoch gesteckt. Die Herausforderungen sind gewaltig.

Können Sie, selbst wenn die Logik einleuchtet und das Herz dabei ist, erwarten, dies alles (darunter 200 »Handlungsvorschläge«) erfolgreich umzusetzen?

Nein!

Was Sie tun *können*:

* Nehmen Sie dieses Porträt als das, was es ist: **Stellen Sie sich Ihre »Abteilung« als eine andere Welt vor.** Sprechen Sie mit Kollegen über das Bild, das dabei entsteht, und über ... Ihre Träume. (Wir raten Ihnen, zu träumen!) MACHT ES SINN? DIE GRUNDIDEE? DIE EINZELHEITEN?

* Gehen Sie die Liste der über 50 Haupt- und Unterpunkte durch und wählen Sie nach irgendeinem Bewertungsschema **zehn** Aspekte aus, die für Sie und Ihre Kollegen am meisten Sinn machen (die *wichtigsten* ... und die *überraschendsten/provozierendsten*). Diskutieren Sie über diese zehn Punkte.

* Entscheiden Sie sich für einige Handlungsvorschläge (To-do-Listen – T.D.L.s) aus jedem der zehn ausgewählten Kapitel. Suchen Sie einen tapferen Freiwilligen und stellen Sie einen Aktionsplan zur Umsetzung jedes dieser Vorschläge auf.

* Oder ordnen Sie den acht Abschnitten des Buches Prioritäten zu. Bestimmen Sie für jeden Abschnitt einen Diskussionsleiter. Treffen Sie sich, sagen wir, alle zwei

Wochen, um einen ausgewählten Abschnitt durchzugehen. Laden Sie möglicherweise externe Experten ein, die Ihnen zum Inhalt etwas erzählen können. Machen Sie sich gegen Ende jeder Sitzung Gedanken darüber, wie die nächsten praktischen Schritte aussehen könnten.

Das Ziel PSF lässt sich auf hunderterlei Weise erreichen. Mein Anliegen: Wir erwarten nicht, dass Sie den großen Brocken auf einmal hinunterschlucken. Wir hoffen, dass Sie irgendeine Methode – Ihrer Wahl – finden, wie Sie sich allmählich durch den Inhalt tasten können.

FÜR **WEN** IST DIESES BUCH?

Die Idee von *TOP50 – Servicemanagement*: Die »Abteilung« in eine voll entwickelte, WOW!-Projekt-besessene professionelle Servicefirma zu verwandeln.

Also, ist dies demnach ein Buch ... für Chefs? Ja. Und nein.

Ja: Die Schlüsselidee ist, dass der Leiter der Personalabteilung ab sofort ... der geschäftsführende Gesellschafter der »Personal AG« ist. **Nein:** Wir – die Überlebenden! – werden *alle* in PSFs leben. Wir *alle* müssen uns die Methoden dieser außergewöhnlichen Institutionen zu Eigen machen und somit Mini-PSFs in unserem jeweiligen Umfeld erzeugen. Die »PSF-Denkweise« ist für den gerade bekehrten 23-jährigen Berufseinsteiger ebenso geeignet/wichtig wie für den 43-jährigen Abteilungsleiter.

I. PSF = Firma + Kunden + Projekte!

1.

VERSTEHEN SIE SICH ALS FIRMA.

Es beginnt alles in Ihrem Kopf. Stellen Sie sich vor:

Sie sind nicht länger »Leiter der Personalabteilung«.

Sie sind geschäftsführender Gesellschafter/Vorsitzender der Geschäftsführung der »Personal AG«, einer 100-prozentigen Tochter des »Geschäftsbereichs ABC« des »Unternehmens XYZ«.

Ausgangspunkt aller bedeutsamen Veränderungen ist die Einstellung, das heißt: der Wechsel von einer auf interne und verordnete »Aufgaben« ausgerichteten zu einer fanatischen Unglaublicher-Kundenservice-durch-umwerfende-Projekte-Haltung. Nach diesem Modell ist Ihre Gruppe eine famose, unabhängige Einheit, die ... zufällig derzeit mit jenem »Mutterunternehmen« assoziiert ist.

Der Kern

Heute ist ein sehr cooler Tag!

Heute ist *kein* weiterer trüber Tag in der Personal-, Einkaufs-, Finanzabteilung ... was auch immer. Es ist der Eröffnungsabend des Restaurants, das zu führen immer schon Ihr Traum war, oder der Premierenabend des Theaterstücks, an dem Sie zehn Monate gearbeitet haben.

Das heißt: Die *neuen* Tore sind geöffnet ... bei der Personal, Einkaufs oder Finanz AG. Auf dem Rezeptionstresen stehen Blumen – sinnbetörende Alstroemerien im Februar. Beim Verlassen des Fahrstuhls im neunten Stock gibt es ein leuchtend rotes Band zu durchschneiden.

Kurz: Eine neue professionelle Servicefirma ist geboren!

Hurra!

Sie und Ihre Kollegen sind nun Ihre eigenen Chefs. Die neuen Visitenkarten lauten de facto, wenn nicht de jure, auf Einkaufs AG, Tochtergesellschaft der »Geschäftseinheit ABC« des »Unternehmens XYZ«.

Oh ja, ich vergaß wohl zu erwähnen: **Ihnen rutscht das Herz in die Hose.** Genauso wie 1981, an dem Tag, als ich offiziell – und formlos – meinen siebenjährigen Dienst bei McKinsey & Co. beendete. Von einem Augenblick zum nächsten war ich nicht mehr Partner eines angesehenen Beraterunternehmens (der angesehensten professionellen Servicefirma der Welt?!), sondern jemand mit einem Schreibtisch im überzähligen Schlafzimmer seiner Wohnung, 355 Fulton Street, Palo Alto, Kalifornien.

Das ist cool. Sehr cool. Und es macht Angst. Höllisch Angst. Aber ist es nicht besser, diesen angstbesetzten Schritt zu wagen als der eigenen Vernichtung entgegenzurasen? Denn in der heute stattfindenden Bürorevolution werden nur die Coolen/Besessenen/WOW!-Erzeuger überleben. **(Kein Scherz.)**

Cool: Als PSF-Vertreter können wir – Sie/ich – uns der Herausforderung widmen, eine großartige »Kanzlei« (McKinsey & Co., Anwälte und Wirtschaftsprüfer nennen ihre »Firma« eine *Kanzlei*) auf der Grundlage dessen aufzubauen, *was uns wirklich wichtig ist ... und wofür wir stehen wollen*. **Beängstigend:** Die Gehälter müssen gedeckt sein, Miete und Telefon bezahlt werden ... ab sofort. (Ganz zu schweigen von den übrigen Zutaten.)

Diese exquisite Spannung wird, nebenbei bemerkt, Ihre ganze weitere PSF-Karriere begleiten: das Vergnügen an den unbegrenzten Möglichkeiten … *und* die fürchterliche Ungewissheit, ob die Rechnung aufgeht – oder nicht.

»Als Firma denken«. So nenne ich dieses erste von 50 PSF-Geboten. Es ist aus gutem Grund das erste. Will heißen: Ihm kommt eine große Bedeutung zu. (Warum sonst steht es an erster Stelle?) Dabei geht es zu zehn Prozent um sachliche Aspekte. (Wie wär's mit neuen Visitenkarten, auch wenn Sie keine offizielle Tochtergesellschaft sind?) Und zu 90 Prozent um ideelle Fragen: PSF ist »Einstellungssache«. Die **Professionelle-Servicefirma-Einstellung!** Ja, … **E-i-n-s-t-e-l-l-u-n-g!** Definition aus dem Lexikon: »Ein mentaler oder emotionaler Zustand hinsichtlich einer bestimmten Sache.« Was halten Sie von dieser Einstellung: Die Clique der Schwestern und Brüder aus dem Einkauf bricht auf zu einem Abenteuer, zu einer Reise in die Großartigkeit. (He, warum … zur Hölle … nicht? *All* unsere – heutigen – Jobs sind akut in Gefahr.) Ihr Ziel: Ihre Kunden mit richtig cooler Arbeit vom Hocker reißen. Jedes Projekt zu einem Volle-Kanone-WOW!-Projekt machen. Können Sie all dies bis morgen früh schaffen – und dabei noch Ihre Haut retten? **Nein!** Aber können Sie damit beginnen, über die PSF-Einstellung zu reden … *jetzt sofort?* Ja! Ja! Und hundertmal **Ja!** (Worauf warten Sie noch? Hinweis: Die Welt wartet bestimmt nicht auf Sie.)

T.D.L. (To-do-Liste)/Verstehen Sie sich als Firma

1. Was, wenn …? Was, wenn Sie einen Geheimpakt schließen … und sich und Ihre Kollegen ab sofort zu einer selbständigen professionellen Servicefirma erklären würden? Was – genau – würden Sie dann anders machen?

Listen Sie 10 bis 25 Punkte auf.

2. Treffen Sie sich in den nächsten zehn Tagen mit Ihren Kollegen und besuchen Sie zwei bestehende professionelle Servicefirmen, die Sie bewundern. (Eine kleiner, die andere größer.) Führen Sie eine offene Diskussion: Wer steht hinter diesen Firmen? Was sind sie? Worin – **zehn** oder mehr Dinge! – unterscheiden sie sich von Ihrer »Abteilung«?

3. Nichts Endgültiges, aber formulieren Sie ... ein Manifest. **(»WIR VON DER EINKAUFS AG GLAUBEN ...«** oder etwas in der Art.) Setzen Sie Herz und Seele und Leidenschaft und Träume daran. Lassen Sie es herumgehen. Diskutieren Sie es. Ändern Sie es. Verfeinern Sie es. Verwenden Sie es, um herauszufinden, wo Sie heute stehen, wo Sie hinwollen, ... und wie Sie es anstellen können, dorthin zu gelangen.

1a.

GEHEN SIE DEN »COOLEN« WEG.

Der Kern

Wörter sind wichtig. (Sehr.) (Haben Sie etwas anderes von mir erwartet? Ich lebe von Wörtern!) »Cool« – oder dufte oder fantastisch oder super – sind Wörter, die wir normalerweise nicht mit »Buchhaltung« oder »Personalabteilung« in Verbindung bringen.

Warum nicht?

Meine Antwort darauf:

(1) Gewohnheit … (2) Mangel an Fantasie. Das unverhohlene Ziel dieses Buches ist: Dies alles zu ändern! Unseren Arbeitsplatz zu einem duften Ort zu machen!

Kurz:

Ich möchte, dass **»coole Buchhaltung«** etwas total Normales wird!

Meine Begründung:

Erstens **ist** Buchhaltung cool. Sie **ist** wichtig. Sie **kann** etwas bewirken. Sie **kann** aufregend sein. Sie **kann** schön sein. (Ich *liebe* eine einfache, klare Gewinn- und Verlustrechnung oder irgendeinen anderen Finanzbericht ebenso sehr, wie ich eine gute Sinfonie *liebe*. Nun ja, … beinahe.) Zweitens liebe ich *meine* Arbeit … und ich finde sie cool … und ich war zeitlebens in professionellen Dienstleistungsunternehmen.

Ich möchte (unbedingt), dass es Ihnen genauso geht. (Andernfalls bin ich untröstlich.)

Was wir tun, … m-a-c-h-t S-i-n-n.

Lassen Sie es uns deshalb auf die c-o-o-l-e Art machen … oder es wenigstens versuchen!

Okay?

T.D.L./Cool!

1. Notieren Sie – allein oder mit zwei oder drei Freunden – zehn knappe Statements, die eine »coole« Rechnungs-, Einkaufs-, IT- oder Personalabteilung beschreiben. (Nehmen Sie sich genügend Zeit dafür.)

2. Gehen Sie mit Ihrer Beschreibung von der »coolen Buchhaltung« bei Kunden hausieren. Wie lautet deren Kommentar? Verändern Sie Ihre Ausführungen entsprechend.

3. Veröffentlichen Sie (mindestens unter Ihren Kollegen) ein »cooles« Manifest.

4. Sprechen Sie darüber, was »cool« wäre.

5. Nehmen Sie die Punkte eins bis vier bitte **... sehr ...** ernst. (Wir reden über nichts weniger als Ihr Leben! Im Ernst.)

2.

KUNDEN SIND EXISTENZIELL. HANDELN SIE DANACH!

Kundenservice ist *der* Name *des* Spiels.

Und das ist a-l-l-e-s, Freunde. Die Wirklichkeit: Sie sind dazu da, Kunden zu *bedienen*. Die Kunden *bezahlen* Ihre Rechnungen. Wenn Sie keine Leistung bringen, können – und werden – sie ihre Bedürfnisse woanders erfüllen. »Echte« PSFs – Andersen, EDS etc. – haben, was Kunden betrifft, eine Obsession. Anders kann man es nicht bezeichnen. (Aber leider hört man selten das Wort »Kunde«, wenn man eine durchschnittliche Personalabteilung oder Buchhaltung besucht.)

Der Kern

Erinnern Sie sich noch an den Limonadestand, den Sie als Kind einmal hatten? Wissen Sie noch, wie aufgeregt Sie waren, als der erste »Kunde« tatsächlich ein Geldstück für ein Glas von dem süßen Zeug herausrückte? Die Transaktionen mit Ihren heutigen Kunden sind sicherlich ein gutes Stück komplizierter, aber das Grundprinzip bleibt dasselbe: Wenn Sie wollen, dass dieser Kunde wiederkommt und nach mehr verlangt, sollte Ihre Limonade verdammt gut, eben: WOW! sein. Dasselbe gilt für Ihre Einstellung.

Kunden sind cool. **Kunden bringen es.** Und dennoch gehen die Kunden im Getriebe der »Abteilungswelt« häufig unter. Oder noch schlimmer, sie werden als störend empfunden. Oder scheinen überhaupt nicht wirklich zu existieren.

Natürlich hatte ich auch unangenehme Kunden. Kunden, die mich schlecht behandelten oder völlig unverhältnismäßige Erwartungen hatten. (Und ein paar, die ihre Rechnungen nicht bezahlten.) Aber ich weiß auch, woher die Butter auf meinem Brot kommt. Ich erinnere mich noch an meinen allerersten Scheck, nachdem ich McKinsey & Co. verlassen und meinen eigenen Laden aufgemacht hatte. (Er kam von American Express. *Danke, Amex.*) Außer Geld verschaffte mir der Scheck ein beglückendes Gefühl von Freiheit und Macht und gut gemachter Arbeit. Feiern war angesagt!

Das war der Tag …

an dem ich mich Hals über Kopf verliebte in … die Kunden.

Ich liebe es, meine Kunden anzustacheln. Sie dazu anzuspornen, neue Herausforderungen zu suchen und ungeahnte Höhen zu erklimmen. Ich bin der geborene (oder gewordene) Agitator. Aber ich tue es (bittend) mit Respekt und habe stets ihre Interessen im Auge. Ich will, dass sie großartige (umwerfende/sagenhafte) Ergebnisse erzielen, *und* beiläufig möchte ich für meine Bemühungen auch gut bezahlt werden. Die Kunden sind eine unschlagbare Instanz zur Feststellung der Gültigkeit meiner Zertifizierung!

Bin ich etwas Besonderes? **Nein.** Nicht in der PSF-Welt. »Wir« (PSFler) mögen uns über Kunden beklagen. Bitterlich. Aber sie sind – am Ende – der Grund dafür, warum es uns gibt. Ich kann meine Seminare spannend und höllisch anregend finden, aber wenn niemand hingeht, führe ich ... Selbstgespräche. Und habe ein Problem – von der allergrößten Sorte.

Kunden? Ich liebe sie. Je unerbittlicher sie sind, desto mehr!

(**Axiom:** Wir sind *genau* so gut wie die Kunden, die uns am meisten fordern.)

»KUNDEN«: Partner oder Abnehmer?

Was steckt in einem Wort? Eine Menge! Nehmen Sie »Kunden«. McKinsey & Co. sieht in den Leuten, die die Rechnungen bezahlen ... Partner. Safeway hingegen hat Abnehmer. Und vermutlich ... werden diese beiden Gruppen nie etwas miteinander zu tun haben.

Ein Kunde im Sinn von PSF ist ...

* ein Partner
* jemand, mit dem man eine *enge Beziehung* hat

* ein langfristiger Weggenosse
* jemand, mit dem man die Zukunft *gemeinsam* erfindet
* eine Person/Organisation, an deren Erfolg man ein großes *persönliches Interesse* hat
* jemand, mit dem man *emotional* verbunden ist
* jemand, mit dem man nur auf absoluter Vertrauensbasis arbeiten kann
* ein *Berufskollege*, der wie man selbst mit vertrackten Problemen zu kämpfen hat
* die Quelle der persönlichen Reputation (ob gut oder schlecht)
* *»Mundpropagandist«* erster Güte
* jemand, der mit der eigenen Person *wächst*
* jemand, der *verliert, wenn man selbst verliert*
* jemand, der *gewinnt, wenn man selbst gewinnt*

Okay? (Das heißt: Richtig?) (Oder nicht?)

T.D.L./Kundenergebenheit!

1. Beginnen Sie sofort damit: Verstehen Sie Ihren Kunden als … Partner.

Punkt. Und in alle Zukunft.

Wörter zählen.

Der Kunde = Ihr Leben. (In PSF-Land.)

Der Kunde zahlt die Rechnungen. (Oder … nicht.)

Der Kunde sagt, dass Sie verlässlich, vertrauenswürdig sind. (Oder … nicht.)

Der Kunde sagt, dass Sie super sind. (Oder … nicht.)

2. Okay, fangen wir am Start an: Wer *sind* Ihre **K**unden? Erstellen Sie eine Liste. Leichter gesagt als getan. Sie »bedienen« alle möglichen Sorten von Leuten und Gruppen. Wer sind die besten Spieler? Wer ist die zweite Besetzung? Lassen Sie sich für diese vordergründig einfache Aufgabe genügend Zeit.

3. Was *wissen* wir *wirklich* über unsere Kunden? **Beruflich? Persönlich?** Legen Sie für jeden Kunden einen Ordner (mit einer Ordner-/Kundennummer) an. Füllen Sie ihn nach und nach. Alle Informationen kommen dort hinein … auch Spleens und Marotten Ihrer Kunden, die häufig der Schlüssel für außergewöhnliche Resultate sind. Lassen Sie jeden in der Abteilung/PSF seinen Beitrag dazu leisten. Hinweis: Erstellen Sie formelle Kundenordner mit Nummern, auch wenn Sie nicht die Absicht haben, Ihre Einheit zu einer voll entwickelten PSF zu machen.

4. Verfassen Sie eine Pressemitteilung für Ihre Kunden. Und eine Pressemappe! Treten Sie offiziell als kundenorientierte PSF auf – auch wenn Sie formell eine »Abteilung« bleiben. Formulieren Sie Ziel und Zweck Ihrer kundenorientierten PSF … klar und prägnant (mehr darüber später).

3.

WÄHLEN SIE IHRE KUNDEN SORGFÄLTIG AUS.

Es ist axiomatisch:

Sie sind so gut – oder schlecht – wie die Zusammensetzung Ihrer Kundenliste.

In sehr realem Sinn gilt: Sie sind Ihre Kundenliste.

Der Kern

Es ist wirklich so einfach:

SIE *SIND* IHRE KUNDEN!

Wenn ich eine Inneneinrichtungsfirma betreibe (und ich bin – wenn auch nur am Rande – an einer beteiligt), und mich jemand fragt, was ich tue, dann verstreichen gerade einmal zehn Sekunden, bevor ich irgendwie einfließen lasse, dass Neiman Marcus zu unseren Kunden gehört.

Wir (PSFler!) sind ebenso sehr durch die Leute definiert, an die wir »verkaufen« ... wie durch die Besonderheiten der Produkte und Dienstleistungen, die wir anbieten.

Lektion/Axiom: Wählen Sie Ihre Kunden verdammt sorgfältig aus! Denn Sie sind ebenso sehr das, was Ihre Kunden *nicht* sind, wie das, was sie sind. Da 75 Prozent der Besucher meiner Seminare in »Abteilungen« arbeiten, sehe ich Sie schon zum nächsten Kapitel blättern ... oder das Buch weglegen: »Trifft nicht zu. Unsere Kunden sind innerbetrieblich, und die Entscheidung, wen wir bedienen, liegt nicht bei uns.«

»Ja«. Und »nein«. Vornehmlich **... NEIN.**

Gewiss, Sie »müssen« am Telefon antworten. Aber nicht alle internen Kunden sind gleich. Als Senior Trainer in der Personalabteilung bedienen Sie, sagen wir, neun Filialen. Dick, Bob und David sind Manager der alten Schule: Sie finden Ihre neuen Ideen albern ... oder sogar unmöglich. Sam, Jane, Mike und Anna haben keine Meinung. (Die Welt ist voll von dieser Gattung. Damit müssen Sie leben.) Aber Arlene ist erst vor kurzem Filialleiterin geworden, im zarten Alter von 27. Sie ist energisch, neugierig, cool, mutig ... und höllisch einfallsreich. Sie haben sie letzte Woche zum Mittagessen eingeladen, und sie ist »total begeistert« (ihre Worte) von dem neuen, unkonventionellen Training zum Thema Kundenservice, das Sie unbedingt ausprobieren wollen ... bald ... irgendwo. Harold ist zwar älter, aber auch er sieht im Einzelhandel eine neue Welt anbrechen, und er will seine Mannschaft zu neuen und ungewohnten Höhen treiben.

Großartig! Arlene und Harold sind Ihre »Neiman Marcus-Kandidaten«. Das heißt nicht, dass Sie die anderen sieben Filialleiter vernachlässigen werden. Können Sie nicht. Sollten Sie auch nicht. Aber Sie *werden* Arlene und Harold mit Aufmerksamkeit überschütten, sie ... als Mitverschwörer in Ihre Bemühungen zur »Neuerfindung des Kundenservice« einbeziehen ... oder so ähnlich. Okay?

Das heißt: Sie werden ebenso für die Qualität Ihrer internen Kunden bekannt sein, wie eine Inneneinrichtungsfirma für die Qualität ihrer externen Kunden.

T.D.L./Regeln zur Kundenauswahl!

1. Ihre formalen Kundenordner sind eingerichtet. (Siehe Kapitel 2.) Also lassen Sie uns mit der Einschätzung beginnen: Wer ist »cool«? Wer ist konservativ?

Wenden Sie sich an alle »coolen« Kandidaten. Starten Sie ein Gespräch über deren Beteiligung an Ihrer Revolution als Miterfinder/Mitverschwörer. (Sie machen eine Revolution, oder?) Ihre Aufgabe: diese Kunden mit Ihrer Leidenschaft anzustecken.

2. Führen Sie ein detailliertes Logbuch: In welche Kunden investiere ich meine wertvollste Ressource: Z-E-I-T? Sind meine Kunden tolle Leute? Wenn nicht, was konkret kann ich daran ändern? Halten Sie beispielsweise nach neuen und interessanten Kontakten innerhalb des Kundenkreises Ausschau, und schlagen Sie neue Projekte vor, um die Reaktion auf revolutionäre Unternehmungen zu testen.

3. Konzentrieren Sie Ihre Bemühungen explizit auf (sehr?) wenige coole Kunden. Veranstalten Sie beispielsweise regelmäßig Treffen, um mit diesen Kunden kühne Ideen auszutauschen. Zeichnen Sie den gemeinsamen Fortschritt genauestens auf. (Streben Sie immer weiter nach vorn. Gemeinsam.)

3a.

SUCHEN SIE SICH KUNDEN, DIE FÜHREND SIND.

Der Kern

Tom Peters wird als »cool« wahrgenommen, **falls** seine Kunden cool sind. Tom Peters ist nicht nur cool, sondern »spitze«, **falls** seine Kunden spitze sind und ihn ständig zu neuen Höhen treiben.

Ich will einfach keine Kunden, die sich mit »akzeptabler Arbeit« zufrieden geben. Ich will Kunden, die **verlangen,** dass ich Leistung zeige und nach mehr strebe. He, für beiläufige halbherzige Anstrengung tauge ich gerade so viel wie irgendein anderer. Deshalb **... preise ...** ich Kunden, die meine Füße/mein Herz/meinen Grips übers Feuer halten. Ich will Kunden, die mich tief graben lassen, die mich aus der Schablone (wir alle haben eine) schieben/zerren/boxen und zwingen, jedes Quäntchen meines Talents zu gebrauchen. Natürlich verfluche ich sie möglicherweise, während es geschieht, aber ich preise sie, sobald es vorüber ist. Denn hinterher bin ich ein besserer/stärkerer/erfahrenerer Mensch.

Botschaft (wichtig): Suchen Sie sich coole Kunden, die (1) Sie definieren und (2) Ihnen helfen, zu wachsen.

(Wichtige) Ergänzung dazu: »Coole« Kunden sind nicht unbedingt – oder gar häufig – die »größten« Kunden. Nicht Masse ist das Ziel, sondern Klasse!

T.D.L./Sich über Coole Kunden definieren!

1. Investieren Sie – nicht zu knapp! – in ungewöhnlich »coole« Kunden, die Sie und Ihr Können auf die Probe stellen. Und Ihnen helfen, zu wachsen … persönlich … und beruflich. (Und wiederum: Investieren Sie nicht in Kunden, die dies nicht leisten.)

2. Der denkbar beste Kunde ist ein ambitionierter junger Rebell, der vermutlich am äußersten Rand oder vollkommen außerhalb des Radarschirms der Organisation operiert und Ihr leidenschaftlicher Mitstreiter wird. Suchen Sie ihn/sie.

(Dies sind die Leute, die ich seit Jahren bevorzuge. Sie haben mich zu dem gemacht, was ich bin!)

3b.

T-R-E-N-N-E-N SIE SICH VON KUNDEN, WENN NÖTIG.

(Und das geschieht vielleicht nicht so selten.) Der größte Werbefachmann von allen, der kürzlich verstorbene David Ogilvy, prahlte damit, dass er weit mehr Kunden gefeuert habe, als Kunden ihn.

Warum? Einige Kunden entpuppen sich als Langweiler. Einige anfangs famose Kunden werden Ihnen und Ihren Leuten mit der Zeit zur Last. Gewiss, einige öde Kunden lassen sich auf Trab bringen, und … wenn es Ihnen gelingt, Kunden mit Ihrer Begeisterung anzustecken und zu riskanten Abenteuern zu überreden, an die sie nie gedacht hätten, nun, das sind die aufregendsten Augenblicke im Leben. Trotzdem ... müssen Sie Ihre Kundenliste von Zeit zu Zeit auslichten.

Denken Sie daran: Ihre Kundenliste ist das, wofür Sie stehen/was Sie sind!

Der Kern

»Schlappe Kunden bringen schlappe Mäuse.« So einfach ist das. Nun, so einfach auch wieder nicht. Überhaupt nicht. Die »großen« Kunden – intern oder extern – bringen die großen Kröten. (Ich kann noch rechnen!) Aber ab einem gewissen Punkt entsteht vielleicht zu viel Nähe. Sie sind nicht mehr der Agent Provocateur. Sie werden eine Familie. Familie = Gut. (Bequem. Zuverlässige Verdienstquelle.) Familie = Potenziell schlecht. (Wir verlieren unseren Elan. Selbstzufriedenheit setzt ein. Ist es da weit bis zur Mittelmäßigkeit?)

Kurz, ich habe mich von lukrativen Kunden getrennt, weil wir uns ... ab einem gewissen Zeitpunkt ... gegenseitig tödlich anödeten. Ich wusste »zu viel«. (Und ich füge schnell hinzu: Auch der Kunde wusste zu viel.) Ich muss eine Menge wissen über das Geschäft meines Kunden, um ihm bei praktischen Implementierungsfragen helfen zu können. Aber irgendwann weiß ich vielleicht nicht mehr »genug«, um hilfreich zu sein, und »zu viel«, um noch provozieren zu können. Und/oder ich beginne, am Verdiensttropf zu hängen und bin nicht länger fähig oder gewillt, den Kunden bis zum Punkt der Irritation zu treiben. Großer Fehler. Warum?

Gute PSFs existieren, um zu irritieren!

Ihre Aufgabe ist es, zu schieben und zu schubsen ... bis jenseits der Bequemlichkeitsgrenze. Wieder und wieder. Und immer wieder.

DER MAISTER-TEST

Der folgende Abschnitt ist ein Auszug aus PSF-Guru David Maisters *True Professionalism:*

Professioneller Erfolg erfordert mehr als Talent. Unter anderem setzt er Energie, Initiative, Einsatz, Engagement und – vor allem – Enthusiasmus voraus. Aber diese Dinge fehlen häufig im Leben professioneller Dienstleister ...

Denken Sie an all die Arbeit zurück, die Sie beispielsweise während des letzten Jahres geleistet haben, und teilen Sie sie in drei Kategorien auf, von denen die erste lautet: »Himmel, ich liebe das! Dies ist es, wofür ich tue, was ich tue!« Die zweite Kategorie lautet: »Es ist okay, ich kann es aushalten – es ist das, womit ich mein Leben verdiene.« Die dritte Kategorie lautet: »Ich hasse es – ich wünschte, ich könnte mich von all dem Kram befreien!«

Lassen Sie mich berichten, was herauskommt, wenn ich diese Fragen an führende professionelle Dienstleister in angesehenen Firmen auf der ganzen Welt stelle. Die typischen Reaktionen, die ich erhalte, liegen zu 20 bis 25 Prozent bei »Himmel, ich liebe das!«, 60 bis 70 Prozent bei »Ich kann es aushalten« und fünf bis 20 Prozent bei »Ich hasse es.« Mit anderen Worten, der typische professionelle Dienstleister in einer Spitzenfirma hat gerade einmal an einem Tag in der Woche wirklich Spaß an seiner Arbeit.

Jetzt eine zweite Frage: Denken Sie an all die Kunden, die Sie im letzten Jahr bedient haben und teilen Sie sie wieder in drei Kategorien auf. Kategorie eins ist: »Ich mag diese Leute, und ihr Geschäft interessiert mich.« (Ja, ich weiß, ich kombiniere zwei Dinge.) Kategorie zwei ist: »Ich kann diese Leute ertragen, und ihr Geschäft ist okay – weder

faszinierend noch langweilig.« Kategorie drei ist: »Meine Professionalität verbietet es mir, es ihnen zu sagen, und ich werde weiterhin mein Bestes für sie geben, aber die Wahrheit ist, diese Art Leute sind nicht mein Typ, und ihre Geschäfte interessieren mich nicht.« ...

Die typische Antwort führender professioneller Dienstleister aus der ganzen Welt lautet bei 30 bis 35 Prozent: »Ich mag diese Leute«; bei 50 bis 60: »Ich kann diese Leute ertragen« und bei fünf bis 20 Prozent: »Diese Art Leute sind nicht mein Typ.« ...

Diese Schätzungen liefern den besten Grund, um etwas Energie in Ihr professionelles Leben zu investieren. Warum den größten Teil das Lebens mit erträglicher Arbeit für akzeptable Kunden verbringen, wenn Sie mit etwas Einsatz in Bezug auf (beispielsweise) Kundenbeziehungen, Marketing und Verkauf Ihre Zeit mit aufregender Arbeit für interessante Leute verbringen können?

TOMS KOMMENTAR: Wie wahr!

T.D.L./Verzichten Sie auf schlappe Kunden!

1. Prüfen Sie Ihre Kundenliste s-e-h-r sorgfältig.

Was ist frisch? Was ist abgestanden?

Erwägen Sie, die Kunden von der abgestandene Sorte zu »feuern« – oder eine Weile auf Eis zu legen.

2. Wenn Sie morgens aufwachen, gibt es da Kunden, die Sie zu sehen fürchten? Wenn ja, erwägen Sie – ernsthaft! – auf sie zu verzichten. Wieder: wenigstens für eine Weile.

3. Bewerten Sie jeden Kunden auf einer Skala von eins bis zehn: Eins = fad wie Spülwasser. Zehn = provoziert mich und fordert mich ständig heraus. Nehmen Sie alle, die unter eins bis vier rangieren, unter die Lupe. Wiederholen Sie die Bewertung mit: Eins = total öde. Zehn = ich liebe seine Gegenwart. Nehmen Sie wieder die Gruppe von eins bis vier unter die Lupe. (Es *ist* Ihr Leben. Sie *sind* Ihre Kunden. Es ist fair, vernünftig und notwendig, diese Bewertungen anzustellen. Wer dem ausweicht, offenbart einen Mangel an Redlichkeit.)

4.

MACHEN SIE JEDE »AUFGABE« ZUM PROJEKT.

PSF = Kunde. PSF = Projekt.

100 Prozent Ihrer Zeit sollte zielgerichteten Projekten gewidmet sein. Das ist nicht unmöglich. Die profansten Tätigkeiten können – in den Händen eines umsichtigen PSF-Vertreters – in interessante Vorstöße verwandelt werden, die auf den Kern des Geschäftssystems zielen, das heißt: in lohnende Projekte. (Beispiel: Bill Matassoni von McKinsey & Co., der aus der »öden« Aufgabe der Bibliotheksneuordnung eine strategische Initiative zur Wissensbereitstellung machte, die die ganze Firma verändern sollte.)

Der Kern

Eine brillante »PSF« besteht aus … (1) COOLEN Leuten, die … (2) COOLE Projekte … mit (3) COOLEN Kunden durchführen.

Und das ist alles, Freunde!

100 Prozent meiner beruflichen und, ehrlich gesagt, auch meiner privaten Zeit wird von … P-R-O-J-E-K-T-E-N in Anspruch genommen. Dieses Buch, eine Kolumne von 1500 Wörtern für *FORBES* – möglichst noch heute –, ein einstündiges Seminar für mehrere Tausend PeopleSoft-Kunden, ein achtstündiges offenes Seminar in Nashville übermorgen. Unser neuestes Trainingsprogramm. Eine Ergänzung zu unserer Webseite.

Ich arbeite seit 25 Jahren ununterbrochen in professionellen Servicefirmen. Ich *arbeite* an Projekten. (Punkt.) Ich *bin* meine Projekte. (Punkt.)

Schauen Sie sich eine Arztserie wie *Emergency Room* an. »Sie« (die Darsteller) bearbeiten … Projekte. In diesem Fall: Patientenfälle. Schauen Sie sich professionelles Football an. Ein NFL-Trainer hat 16 »Projekte« (Spiele) in der regulären Saison, bis zu vier Projekte in der Nachsaison (Playoff-Spiele), 44 Projekte (die Entwicklung jedes Listenspielers), plus ein Projekt (die Saison).

Ich bin Projekte. (Tom Peters.)

Er ist Projekte. (Steve Mariucci, Trainer der San Francisco 49ers.)

Und S-I-E sollten/können/MÜSSEN Projekte sein!
(U-n-d d-a-s i-s-t a-l-l-e-s, Freunde.)

Noch einmal meine kompromisslose, unbeirrbare Überzeugung: Arbeit in der »Abteilung« **KANN** zu 100 Prozent – kein Rundungsfehler! – in kundenorientierte Projektarbeit verwandelt werden.

»Wir« (PSFler) leben *für* unsere … Kunden. Wir leben, um uns mit … Projekten zu beschäftigen. Das ist es. Das ist alles. Und wenn Sie die »profane« Tätigkeit nicht in ein kundenorientiertes Projekt verwandeln können? Nun, … verzichten Sie auf sie. Radikal. Jetzt.

T.D.L./100 Prozent P-r-o-j-e-k-t-e!

1. Machen Sie es deutlich:

»Ich [Chef einer zwei- oder 22-köpfigen internen PSF] will etwas bewirken. Ich will, dass wir – unsere Projekte, jedes einzelne – etwas bewirken. Dass **wir** für etwas (eher) G-r-o-ß-e-s **stehen**. Es geschieht eine Revolution. Und wir sind entschlossen, mit von der Partie zu sein. Wenn nicht, wenn … keines unserer Projekte auf das Erreichen von WOW!-Qualität zielt, warum (zur Hölle) … beschäftigen wir uns dann damit?«

2. Rufen Sie Ihre unmittelbaren Kollegen zu einer Dringlichkeitssitzung zusammen und fragen Sie sie, was Sie tun müssen, um aus Ihrer »Tätigkeit« ein denkwürdiges kundenorientiertes Projekt zu machen? WERDEN SIE KONKRET.

B-I-T-T-E.

3. Erhöhen Sie den Einsatz: Machen Sie eine Liste mit *allen* Tätigkeiten, mit denen *irgendwer* in der »Abteilung« beschäftigt ist. (Jetzt sofort.) Wie viel davon besteht aus denkwürdigen kundenorientierten Projekten? **(Seien Sie schonungslos ehrlich, es ist … Ihr Leben und das Ihrer Kollegen.)**

Diskutieren Sie – im Detail! – über jede Aktivität, die *kein* denkwürdiges kundenorientiertes Projekt ist.

WARUM NICHT DARAUF VERZICHTEN?

(ODER ES KOMPLETT NEU ERFINDEN!)

4a.

ARBEIT, DIE WICHTIG IST!

Der Kern

Der Kern der PSF: *Arbeit, die wichtig ist!* Das Projekt *ist* meine Identität. Meine Handschrift. Mein Vermächtnis. (Im Guten oder im Schlechten.) In Dilbertville (Schreibtischhölle) ist das Leben (Arbeitsleben) eine Farce. Und ich habe weiß Gott meine schlechten Tage. Wirklich unausstehliche Tage. (Ich schlucke Prozac nicht aus Jux!) Aber meine Arbeit ist wichtig. Oder ich **versuche** sie zumindest auf Teufel komm raus wichtig zu machen. Eine Rede vor sechs Leuten. Oder 6000. KEIN UNTERSCHIED. Sie ist ein Akzent in meinem Leben. Sie ist mir nicht gleichgültig. Und ich will, dass sie wichtig ist. Sicher, mindestens 98 Prozent der 700 Leute, die mein Seminar in Memphis am nächsten Mittwoch besuchen werden, werden sie in einem Monat vergessen haben. Aber für drei oder vier unter jenen 700 wird die Rede gerade im richtigen persönlichen Augenblick kommen, und sie wird in ihrem Leben ... etwas bewirken. Und das bedeutet mir viel. Ich bin sogar höllisch stolz darauf. Und ich will (BESTEHE DARAUF?), dass *Sie* auf das, was Sie tun, stolz sein können wie ein (Schnee-)König. Ich will, dass *Sie* Dinge tun, die wichtig sind.

Ich *will* wichtig sein.

Ich erlebe häufig Enttäuschungen.

Aber meine *Absicht* ist k-l-a-r.

Ich sehe nicht ein, warum ich morgens aufstehen sollte, wenn ich nichts Wichtiges tun will.

Und: Was ist mit Ihnen?

WENN MEIN ÄRGSTER FEIND MEIN BESTER FREUND IST

Ich habe gerade den Hörer aufgelegt nach einem halbstündigen Gespräch mit einem alten Erzfeind. 20 Jahre ist es her, dass wir miteinander im Clinch lagen. Öffentlich. Und wir hatten beide so manche stattlichen Erfolge. Uns beiden macht die gelegentliche Geschmacklosigkeit des Ortes zu schaffen, an dem wir uns damals abzurackern pflegten. Und das war (größtenteils) der Inhalt unserer Unterhaltung.

»Wir waren verdammt selten einer Meinung«, sagt Dave (nicht sein richtiger Name). »Aber dafür wussten wir beide, dass wir über Dinge stritten, die wichtig waren.« Ich war der (bei weitem) Jüngere und setzte ihm gehörig zu, wie er eingesteht. Aber für eine gute Sache. »Du warst überzeugt. Es war dir nicht egal. Du sahst darin einen Sinn. Du warst fast als Einziger bereit, gegen mich anzutreten.«

Obwohl wir dem Anschein nach Kontrahenten waren, waren wir in Wahrheit aufeinander angewiesen, und unser beider Beitrag hätte nicht dieselbe Höhe erreicht, wenn wir nicht einander als Gegenspieler gehabt hätten.

Somit war mein »Erzfeind« in Wirklichkeit mein bester Freund. Und unsere »PSF« profitierte ungemein von unserem herzlichen Wettstreit. **Warum wohl?**

T.D.L./Arbeit, die Sinn macht!

1. Denken Sie über die »Aufgabe« nach, an der Sie gegenwärtig arbeiten. **Macht sie Sinn?** (Seien Sie ganz ehrlich. Dies **ist** Ihr Leben.)

Inwieweit können Sie sie neu erfinden, damit sie Sinn macht:

Für Sie selbst?

Für Ihre Kollegen?

Für Ihre Organisation?

Für Ihre Kunden?

5.

DER RICHTIGE TITEL FÜR IHREN JOB: WERDEN SIE ZUM REVOLUTIONS-KATALYSATOR.

Der Kern

Zwei kleine Dinge widerfuhren mir vor ein paar Monaten. Nur, dass keines davon wirklich »klein« war, ... wenn ich zurückblicke.

Nach einem offenen Seminar erhielt ich eine Nachricht von einer Teilnehmerin, die ihre eigene Beraterfirma betreibt. Sie berichtete, sie habe ihren Titel von »Consulting Director« in ... »Catalyst for Revolution« geändert.

Ja!

Ich war im siebten Himmel!

Wenig später hielt ich eine Rede vor mehreren Hundert »CIOs« (Chief Information Officers). Einer schickte mir ungefähr eine Woche nach der Veranstaltung eine E-Mail. Er schrieb, er habe seinen Titel von »CIO« in … »**C.E.F.R.N.S.**« geändert.

Wie bitte?

C.E.F.R.N.S.: **»Chief Evangelist for Really Neat Stuff.«**

Wunderbar! (Noch einmal siebter Himmel.)

Mein Leben hat einen Sinn!

Sie hat's begriffen! Er hat's begriffen. ***Genau!*** Eben davon handelt dieses Buch! ***Genau!*** Es handelt davon, die Haut des »Director of Human Resources« abzustreifen. Oder des »CIO«. Und ein … »Catalyst for Revolution« zu werden. Ein »Chief Evangelist for Really Neat Stuff«.

Dem habe ich mein Leben verschrieben. Das ist es, was mich morgens aus dem Bett treibt. Deswegen habe ich das Marine-Konstruktionsbataillon geliebt. Und McKinsey, selbst … wenn ich es hasste.

T.D.L./Jobtitel

1. Worauf warten Sie also? Erklären Sie sich … jetzt augenblicklich … und offiziell zum:

* Catalyst for Revolution

Oder:

* Chief Evangelist for Really Neat Stuff

Oder:

* irgendein beliebiger Titel, der ausdrückt, was Sie in Ihrem neuen Leben als Dienstleister mit WOW!-Qualität, der für eine WOW!-mäßige PSF arbeitet, erreichen wollen.

2. Sprechen Sie mit Ihren engen Kollegen über C.F.R. und C.E.F.R.N.S. und den Titel, den Sie für sich selbst auserkoren haben. Was – genau – bedeutet jeder dieser Titel? Was würde er für Sie alle bedeuten? Für unsere Kunden? (Und: Wenn Sie Probleme mit einer solchen Sprache haben ... WARUM?)

II. Portfolio-Qualität!

6.

BESUCHEN SIE JEDEN IHRER KUNDEN.

Starten Sie einen »intensiven« und regelmäßigen Dialog mit … **jedem** … Kunden.

Auf geht's. *Es gibt nur einen legitimen »ersten Schritt«: Verlassen Sie das Büro – pronto! – und besuchen Sie Ihre Kunden.* Ab zu *ihren* Büros!

Beginnen Sie mit einfachen Fragen: »Wie steht's mit unserer Leistung? Sind die Projekte, die wir gegenwärtig mit Ihnen durchführen, okay … oder WOW!? Oder machen wir unseren Job schlampig? Haben wir **ein Ohr** für Ihre Sorgen? ›Lieben‹ Sie uns … oder ›mögen‹ Sie uns bloß … oder, der Himmel bewahre, erregen wir etwa Ihr ›Missfallen‹?«

Die Idee hierbei ist, dass Sie einen echten, »intensiven«, offenen Dialog mit jedem Ihrer Kunden beginnen. **Jetzt.**

Der Kern

Es **GIBT** einen »ersten Schritt« in Richtung PSF-Welt. Und keinen anderen. Nämlich: … Treffen Sie sich … mit Ihren K-u-n-d-e-n.

Also, machen Sie … Ihre Aufwartung.

Mein Freund Bob Waterman (Mitautor von *Auf der Suche nach Spitzenleistungen*) übernahm vor vielen Jahren das australische Büro von McKinsey & Co. Er begann seinen Dienst damit, dass er … Kunden besuchte. Er hörte einige gute Nachrichten. Und einige schlechte. Am Ende überarbeitete er – gratis – etliches, was zuvor schlecht ausgeführt worden war. Diese Überarbeitungsaktion brachte dem Büro einen enormen Aufschwung, dessen Auswirkungen noch bis heute spürbar sind. Wir (Sie/ich) müssen diese »PSF-Sache« … irgendwo beginnen. Und der – unschlagbar! – beste »Ansatzpunkt« sind systematische, absolut offene Kundenbesuche.

»Ich bin dazu da, Ihnen zu dienen. Punkt.

Ich bin dazu da, lebensverändernde Arbeit zu verrichten. Punkt.

Also, mache ich meine Sache … gut?«

Dies ist der Tenor (des Bettlers) – sagen Bob Waterman … und ich: MACHE ICH/MACHEN WIR UNSERE SACHE GUT?

Nicht mehr.

Nicht weniger. (Es klingt vielleicht simpel. Ist es nicht. Glauben Sie mir. Ich war da. Hab's getan. In aller Demut.)

Und wenn eine Kundin Tacheles redet, Ihnen ungeschminkt eröffnet, wie wenig sie von Ihrer Arbeit hält, dann DANKEN SIE IHR … auf Knien! Das ist himmlisches Manna. Das ist Musik für Ihre Ohren. Daraus können Sie *lernen*. Daran können Sie *wachsen*. Auf diese Weise *beginnen* Sie, sich Ihre Sporen als PSFler auf der Suche nach WOW!-Qualität zu verdienen.

T.D.L./Persönliche Ergebenheit zeigen!

1. Machen Sie einen Besuchsplan: Legen Sie Termine fest für – persönliche! – Besuche bei jedem K-u-n-d-e-n … in den nächsten drei Wochen.

2. Formulieren Sie – mit Ihren Kollegen – einen ehrlichen Fragebogen. Fragen Sie alle Kunden: (1) Wie machen wir unsere Arbeit? (2) Bewerten Sie uns … *gnadenlos*. (3) *Treiben* wir Sie *voran*? (4) *Begeistern* wir Sie? (Verwenden Sie das Wort!) (5) *Enttäuschen* wir Sie?

3. Ziehen Sie eine dritte Partei heran – einen »ehrlichen Vermittler« –, um sicherzustellen, dass Sie ungeschminktes Feedback bekommen. Denn:

Ausschließlich die Wahrheit weist Ihnen den Weg zur PSF in WOW!-Qualität

7.

ERSTELLEN SIE EINE UNBESCHEIDENE LISTE IHRER GEGENWÄRTIGEN PROJEKTE.

Sie – vormals Abteilungsleiter und inzwischen geschäftsführender Gesellschafter der Personal AG (etc.) – **sind** Ihre Projektliste.

Also, sehen Sie zu, dass Sie … zu einem guten Ergebnis gelangen! Setzen Sie sich mit Kunden und mit Partnern aus der Abteilung zusammen, um die Anfangsliste zu erstellen.

Das ist kein Spaziergang, und ein Teil Ihrer gegenwärtigen Arbeit wird wohl dran glauben müssen. Aber der Prozess – und die Logik dahinter – ist von zentraler Bedeutung für die künftige PSF, für die Verwandlung Ihrer Abteilung in eine waschechte, aufregende professionelle Servicefirma.

Offensichtlich ist das nicht in einem Anlauf zu schaffen, aber für den Anfang tut es ein Paukenschlag. Und eine große Portion Ehrlichkeit. Das heißt:

Beseitigen Sie alles, was trocken, öde und unspektakulär ist –

ohne Rücksicht auf Belegschaft und Kunden. Sie sind nur so gut wie Ihre Projekte, und ein schwaches Projekt kann eine ganze Abteilung … entstehende PSF! … lahm legen.

Der Kern

Listen. *Zwei* Listen, um genau zu sein: Kundenliste, Projektliste. Sie – als Individuum, Abteilung-alias-PSF – **sind** diese zwei Listen. *Punkt*.

Alfred A. Knopf, Verleger dieses Buches, *ist* seine »Liste« von Autoren und seine »Liste« geplanter Bücher. *Punkt*. Ich bin meine Liste geplanter Seminare. *Punkt*.

Also … lassen Sie uns diese **Listen** ernst nehmen. Sehr ernst. Sie und Ihre Clique von 19 Leuten aus der Personal- oder Finanzabteilung sollten:

(1) **Die gegenwärtige Projektliste auswendig kennen** (kein Scherz!),

(2) **sie auf jedermanns Computer kopieren und als Plakat an den Wänden aushängen** (Wordworks, ein Unternehmen für Verlegerdienstleistungen, hat eine große Wandtafel – zwei mal drei Meter – auf der alle Projekte mitsamt den nächsten Schritten, Terminen und wesentlichen Zuständigkeiten aufgelistet sind),

(3) **sie zu Hause an die Kühlschranktüren heften;** und

(4) **sie unter Ihre Kopfkissen legen** (okay, dieser letzte Punkt ist ein Vielleicht – aber ein durchaus reales Vielleicht).

Abschnitt zwei – Kapitel 6 bis 9a – trägt die Überschrift »Portfolio-Qualität!«. Portfolio: Nettes Wort. Die zwei genannten **Listen** sind Portfolios: Kundenportfolio und Portfolio der aktuellen Projekte. Denken Sie »Anlage-Portfolio«. Sie verbinden damit vermutlich: Qualität, Vielfalt, Risiko etc. Nun, ich will – verlange? –, dass Sie über Ihr gegenwärtiges Projektportfolio genauso denken. (Ich entschuldige mich – noch einmal – für die Wiederholung. Aber wenn man sich einst an Sie erinnern wird, dann im Zusammenhang mit Ihrem Projektportfolio. Punkt. Richtig? DENKEN SIE DARÜBER NACH. Beispielsweise wird mein Verleger und Freund Sonny Mehta für die Qualität und die Originalität, die Verpackung und das Marketing der von ihm publizierten Bücher in Erinnerung bleiben.)

Ich/Sie/wir/
sprießende PSF =
unsere Projektliste.

T.D.L./Eine herausragende Projektliste!

1. Alles der Reihe nach: Listen Sie *alle* Projekte auf, an denen Sie und Ihr Team gerade arbeiten. Große. Kleine. Mittlere. Das ist leichter gesagt als getan: Diese Aufstellung umfasst *all* die »Dinge«, die Ihre Zeit in Anspruch nehmen. Gehen Sie vorsichtig und akribisch vor.

2. Legen Sie für jedes Projekt einen Ordner – mit einer Nummer – an.

3. Beginnen Sie sofort (dies ist die Hauptveranstaltung) mit dem Bewertungsprozess: Benoten Sie *jedes* Projekt quantitativ nach Kriterien wie WOW!, Spannung, Dringlichkeit, Wirkung. Und beschränken Sie sich nicht auf meine Vorschläge; fügen Sie beliebige Kriterien hinzu, die für ein bestimmtes Projekt relevant sind. (Lassen Sie sich hierfür *viel* Zeit. Bitte. Noch einmal: Sie *definieren sich* hierüber. Es ist Ihr Leben. Wirklich.)

4. Beteiligen Sie verlässliche/interessierte externe Ratgeber am Bewertungsprozess.

5. Wenn Sie darüber eine Weile gebrütet haben, sprechen Sie mit Ihren Kunden darüber. Gehen Sie absolut offen und ehrlich **die Liste** und die Bewertungen gemeinsam durch. Zum Beispiel: »Ist dies, in Anbetracht der begrenzten Ressourcen [unserer PSF] die beste aller möglichen Listen?« »Enthält diese Liste genügend ›wirklich coole‹ Dinge?« »Worauf sollten wir verzichten?«

(ANTWORT: VERMUTLICH SOLLTEN WIR AUF 75 PROZENT »VERZICHTEN«. IM ERNST!?)

8.

VERSTEHEN SIE SICH ALS RISIKOKAPITALGEBER.

Will heißen: Wie ist Ihre »Projektliste«/Ihr »Projektportfolio« *unterm Strich*? Aufregend? (Wie aufregend?) Zahm?

Sie – seit kurzem gechäftsführender Gesellschafter einer PSF – sind nicht mehr (und nicht weniger) als ein Projekt-Spekulant.

Der Kern

Eine Risikokapitalgesellschaft ist natürlich eine »reale« PSF. Aber sie ist auch die perfekte Metapher für **jede** PSF.

Was tut eine Risikokapitalgesellschaft? Sie wettet auf Leute. Wettet auf Projekte. Punkt. Richtig?

Und das ist genau das, was eine »reale« PSF macht. Werbespezialist David Ogilvy sagte, seine Firma tue nur zwei Dinge: (1) Kunden betreuen und (2) Werbetalente entwickeln.

Wie wahr!

Das ist »alles«.

Kunden betreuen.

Talente entwickeln.

Und Ihr Vehikel: Projekte. (WOW!-Projekte ... wollen wir hoffen.)

Computervisionär Michael Dell sprach aus, was wir alle wissen: Zu entscheiden, was wir tun wollen, ist leicht. Zu entscheiden, was wir **nicht** tun wollen, ist der schwierige Teil der Übung, die eigentliche Kunst. Das gilt auch für Ms./Mr. PSF. Zu entscheiden, was IDEO **nicht** ist, welche Projekte wir **nicht** sind – das ist der Zaubertrick!

Also: Verstehen Sie sich ... als Risikokapitalgesellschaft. Sie sind eine!

T.D.L./»Werden« Sie zur Risikokapitalgesellschaft

1. Was *ist* Ihre »Firma«? (PSF.)

Antwort: Ihr Talent. Ihre Kunden. Ihre Projekte.

Daher: Legen Sie für den Anfang jeweils ein sorgfältiges Inventar an. Okay, ich bitte Sie nicht zum ersten Mal darum. Vielleicht haben Sie inzwischen den Punkt begriffen?! (Also, … schon erledigt?)

2. Risikokapitalgesellschaften verteilen das Risiko. Einige Projekte, auf die sie setzen, sind mehr oder weniger eine sichere Sache. Andere haben verschwindend geringe Erfolgschancen (mit potenziell stratosphärischen Gewinnen). Ist unser PSF-Portfolio von dieser Art: Sind einige »wichtige« sichere Gewinner darunter? Und einige »gewagte« Anlagen, die unser Leben und das unserer Kunden verändern könnten? (Lesen Sie genau: UNSER LEBEN UND DAS UNSERER KUNDEN VERÄNDERN. Harter Test, was?)

3. Laden Sie eine ortsansässige Risikokapitalgeberin auf ein Arbeitsessen ein. Bitten Sie sie, über das Leben der Risikokapitalgeberin … und damit Ihr Leben … zu erzählen: Was sind ihre Entscheidungskriterien? Wonach entscheidet sie, dass es Zeit ist auszusteigen? Was ist *der* wichtigste Aspekt, der sie an einem Unternehmen (will heißen: Projekt?) interessiert? Was lässt sie rot sehen und eine Kehrtwende machen. Und wie würde sie Ihr Talent-, Kunden- und Projektportfolio (als PSF) bewerten? Wie immer: schonungslose Ehrlichkeit bitte. (Und: Laden Sie sie ein, Ihre formale Beraterin zu werden? Hmmmmm?!)

9.

PRÜFEN SIE IHRE LAUFENDEN PROJEKTE – MINDESTENS WÖCHENTLICH.

Die Projektliste sind wir. ... Jetzt müssen wir verdammt etwas daraus machen!

Hängen Sie die Projektliste aus. Elektronisch. Auf Packpapier an der Wand ... oder auf einer überdimensionierten Standtafel. Bringen Sie Leben in die Liste! Sprechen Sie darüber. Veranstalten Sie auf dieser Grundlage umfassende (und groß aufgemachte) Wochenrückblicke.

Der Kern

SETZEN SIE PROJEKTE – UND IHREN STATUS – AN DIE SPITZE IHRER WEITHIN SICHTBAREN TAGESORDNUNG.

Wenn gilt: Projekte = ich, dann ist die Überprüfung des Status dieser Projekte von überragender Bedeutung. Also: mit Ernst an die Sache. Prüfen Sie alle laufenden Projekte regelmäßig ... mindestens einmal pro Woche. **Vielleicht ... täglich?**

Vor ein paar Jahren besuchte ich die CNN-Zentrale in Atlanta. Jeden Morgen um sieben Uhr kamen die Würdenträger für maximal 30 Minuten zusammen. Die Burochefs aus aller Welt waren über Satellit zugeschaltet. Alle hielten ein brandaktuelles Papier in Händen, das nur wenige Minuten alt war und den Tag beschrieb, so weit er ... zu diesem Zeitpunkt ... bekannt war.

Kurz und bündig wurde der Tag erörtert und zerlegt – ohne jede Umschweife. Was ist gut? (Oder nicht?) Welche Storys könnten ziehen? (Oder nicht?) Etc.

CNN definiert sich über seine Projekte. Projekte = Storys (Shows, Nachrichten etc.). Das »Portfolio« ist der Sendetag. (24 Stunden täglich … ohne Pause.) Diese Zusammenkunft ist von allergrößter Wichtigkeit. Sie lenkt jedermanns Blick auf den Tag/die Projekte/das Portfolio/die Meilensteine/die Gesamtschau dessen, was unmittelbar ansteht. Sie bringt auch alle in ein Boot (gehen Sie *niemals* davon aus, die Leute wüssten, was außerhalb ihres Spezialbereichs abläuft) und bereitet sie auf mögliche Überraschungen vor. Die Zusammenkunft ist zudem ein Forum, um Probleme anzusprechen und Lösungen zu suchen. Und sie hebt die Moral und bietet den Leuten die Möglichkeit, Spannungen abzubauen, Kontakte zu knüpfen und … bitte schön! … etwas Leichtigkeit in den Arbeitstag zu bringen.

Wir sind nicht alle im selben Geschäft wie CNN. Ein tägliches Meeting um sieben Uhr mag etwas übertrieben sein. Die Idee selbst ist es sicherlich nicht: Eine bessere Möglichkeit, die Aufmerksamkeit der Leute auf … Projekte … Projekte … **Projekte** zu lenken, gibt es nicht.

Daher: Erfinden Sie Ihre eigene Version. Aber (wenn Sie klug sind) entfernen Sie sich nicht zu weit vom CNN-Modell.

T.D.L./Prüfen der aktuellen Projekte

1. Füllen Sie Ihre Projekte und Ihren Projektstatus mit (wirklichem) Leben. Irgendwie. Mein Vorschlag (Befehl?): Veranstalten Sie einen wöchentlichen (oder täglichen – falls sinnvoll, was sehr gut möglich ist) Check. Zu einer feststehenden Zeit. Beteiligen Sie auch externe Ratgeber daran.

2. Ziel: Wir versuchen, WOW!-Projekte zum Kernstück unserer alltäglichen Arbeit zu machen. Also lauten die

hier relevanten Fragen: Wo sind wir in unserem Projekt? … Was ist neu, und was steht als Nächstes an? … Was ist cool (und was nicht)? … Etc.

3. SIE MÜSSEN ES TUN. IRGENDWIE. ODER ANDERE TUN ES. VERSTANDEN?

9a.

WÖRTER SIND … WICHTIG. BESCHREIBEN SIE IHR PROJEKT!

Der Kern

McKinsey & Co. führt – genau genommen – keine »Projekte« durch. »Die Firma« geht »Kooperationen« mit »Partnern« ein.

ZUM BEISPIEL:

* Die **F**irma
* **K**ooperationen
* **P**artner

Okay? Ist es wirklich so einfach?

Ja.

Das Unternehmen ist die **F**irma. Der Kunde ist der **P**artner. Und das Projekt ist die **K**ooperation. Es handelt sich um ein aktives Joint Venture, in dem die ziemlich talentierten Jungs und Mädchen von McKinsey sich mit ihren Partnern/Kunden zusammentun, um vertrackte Probleme unter die Lupe zu nehmen. (Vertrackt, denn wenn das verdammte Ding nicht vertrackt wäre, warum dann McKinseys horrende Honorare zahlen? Aber he, das Leben ist nicht lebenswert, solange Sie nicht an vertrackten Problemen laborieren. Oder?)

T.D.L./Projektbeschreibung

1. Ist jedes »Projekt« ein

H-A-P-P-E-N-I-N-G?

(Wenigstens potenziell?) (Denken Sie darüber nach.) Verdient es – à la McKinsey – den Namen **K**ooperation? Oder: **E**vent? Oder: **A**benteuer?

2. Werfen Sie erneut einen Blick auf jene Liste der aktuellen Projekte und bewerten Sie jedes nach den Kriterien Kooperation/Event/Happening. BITTE.

3. WAS BLEIBT IHNEN S-O-N-S-T ÜBRIG? (Kein Scherz.)

III. Wirkung zeigen!

10.

VERWANDELN SIE JEDEN »JOB« IN EIN ... WOW!-PROJEKT.

Es gibt Projekte ... und es gibt noch mehr Projekte. Denken Sie daran: Projekte = SIE. Also tun Sie verdammt gut daran, sie zu einem denkwürdigen Ereignis zu machen. Mein Rat:

Verwenden Sie die WOW!-Skala. (Buchstäblich.)

»Bewerten Sie« jedes Projekt mittels eines WOW!-Maßstabs von eins bis zehn.

Eine Freundin von mir, ein angesehener Headhunter, ging beispielsweise zu jedem ihrer damaligen Kunden und fragte: »Wie würde ein WOW!-Resultat für diese Personalsuche aussehen?« Mit anderen Worten, nicht ein »zufriedenstellendes«, nicht ein »gutes«, nicht einmal ein »ausgezeichnetes« Resultat, sondern ein WOW!-/cooles/veränderungswirksames/durchschlagendes Ergebnis. Sie berichtete in einigen Fällen von einer anschließenden Schwerpunktverschiebung ... *und* von jenen denkwürdigen Resultaten, die ... allein dem Gebrauch der WOW!-Sprache zu verdanken waren.

Der Kern

Es war eine kleine Sache. *S-e-h-r* klein: Der Neuentwurf eines Berichtsformats ... für eine Information, die sowieso niemand las ... im Pentagon 1968. Ich hatte immer schon eine Vorliebe für Statistiken. Und ich sagte mir: Warum nicht? (Vielleicht Langeweile!) Ich beschloss, den kleinen Job ernst zu nehmen und setzte mich damit auseinander.

Zu meiner Überraschung begannen einige s-e-h-r hoch positionierte Leute, über die Ergebnisse des neu entworfenen und aufgepäppelten Dokuments zu reden. Und ich entschied, dass das ein Signal sein könnte. (Im besten Sinn des Wortes.)

Ein Jahr – und ein Dutzend monatlicher Wiederholungen und Verfeinerungen – später enthielt mein »kleiner Bericht« quasi die vollständige Auswertung einer großen Zahl von Feldoperationen.

Lektion eins: Aus dieser »kleinen« Berichtsrevision wurde … in meinem heutigen Sprachgebrauch … ein WOW!-Projekt. Lektion zwei (und die zu lernen, dauerte viel länger): Es gibt keine Projekte, die nicht WOW! sind, **wenn** … Sie sich ganz auf die Sache einlassen. Die trivialste Aufgabe kann in etwas sehr Cooles verwandelt werden, … etwas, das Auswirkungen hat. Ein befreundeter Schauspieler erklärte mir, in seiner Zunft pflege man zu sagen: **»Es gibt keine kleinen Rollen, es gibt nur kleine Schauspieler.«** Und ich möchte hinzufügen: »Es gibt keine kleinen Aufgaben, sondern nur eine beschränkte Vorstellungskraft.«

Diese Lektion habe ich nicht vergessen. Und jetzt will ich sie weitergeben. Kurz:

Nicht-WOW! = Nein-nein.

Okay?

Also, machen Sie es wie … die oben genannte Headhunter-Freundin und fragen Sie jeden einzelnen Kunden: »Wie können wir aus diesem Projekt wirklich ein WOW!-Ereignis machen?« (Benutzen Sie das Wort! Üben Sie seine Verwendung! Beginnen Sie sofort damit! Okay? W-O-W! Wie … W-O-W!)

T.D.L./WOW! oder Pleite

1. Rufen Sie j-e-t-z-t einen Kunden an. Kommen Sie auf Ihr gegenwärtiges Projekt zu sprechen. Verwenden Sie *meine* Worte:

»Wie würden Sie also auf einer Skala von eins bis zehn – eins = ›fad‹, zehn = ›WOW!‹ – unser gegenwärtiges Projekt … ***exakt*** … bewerten?«

(B-i-t-t-e: Verwenden Sie *exakt* meine Worte. Oder verwenden Sie eine sehr nahe Variante.)

2. Integrieren Sie »WOW!« in Ihre Sprache! Eine Kundin berichtet, dass infolge meines gnadenlosen Drängens in ihrer Finanzabteilung jeder ständig fragt: »Aber ist es denn wirklich ›WOW!‹? Wunderbar! (Ich bin diesbezüglich ein Fanatiker geworden: »IST ES ›WOW!‹?« ist mein Standardrefrain. Fragen Sie meine armen leidgeprüften Kollegen!)

3. Wenden Sie – sofort! – den WOW!-Test auf die (scheinbar) trivialsten Aktivitäten an, mit denen Sie sich beschäftigen. Wieder: Aus a-l-l-e-m lässt sich WOW! herausholen. Einverstanden? (Und wenn nicht, diskutieren Sie darüber … baldmöglichst … mit Ihren Kollegen. Und Ihrem Therapeuten.)

11.

MACHEN SIE KEINE KOMPROMISSE BEZÜGLICH IHRER IDENTITÄT.

(PS.: WAS IST IHRE IDENTITÄT?)

(Apple weiß es. BMW weiß es. Warum nicht auch Sie?)

(Verdammt.)

Also: *WER ... SIND SIE NUN?* »Personalabteilung.« (Schlechte/schlechteste Antwort.) »Personal AG.« (Nicht viel besser.) Meine Frage: *Worin besteht das ... Besondere, nach dem Sie streben? Worin sind Sie anders, zum Beispiel ... anders, als 100 weitere »Personalabteilungen«?*

Einige schlagen vor, Sie sollten in der Lage sein, Ihre »Position« in ... **acht** Wörtern zu formulieren. Andere gestehen Ihnen 35 Wörter zu.

Meine Position zum Thema »Position«: Sie tun gut daran, eine P-o-s-i-t-i-o-n zu haben! Und ich kenne verdammt wenige »Abteilungen«, die eine haben ... und übrigens auch nicht viele »echte« PSFs, die sich damit schmücken.

Für den Anfang: Beginnen Sie einen ernsthaften Dialog zum Thema Position/Identitätsmerkmal. Jetzt sofort. (Warum warten?)

WAS IST IHR STANDPUNKT?

Der Kern

»Identität«, »Marke«, »Für-etwas-stehen« – Wörter, die wir mit Coke, Pepsi, Nike, The Gap verbinden. Martha Stewart. Calvin Klein. Tina Brown.

Aber unsere »Personalabteilung«? Sei nicht albern, sagen Sie. **WARUM** (zum Teufel) **NICHT!?** … antworte ich darauf.

Wollen Sie nicht das Coke-Nike der »Personalabteilungen« (oder PSFs, wenn's recht ist) werden?

Es mag Arroganz sein. (Ich denke nicht.) Oder Egomanie. (Ich denke nicht.) Aber ich will **für e-t-w-a-s stehen.** Ich bin nicht gewillt, es Coke oder Martha S. zu überlassen, »für etwas zu stehen«.

Was ist mit *Ihnen*?

Wenn wir »Einkaufsabteilung« sagen, kommt uns selbst bei IBM oder Nike nicht unmittelbar die Umschreibung »für etwas stehen« in den Sinn. Ich glaube, das ist ein **(gewaltiger)** Fehler. Ich denke, unsere Personalentwicklungs- (Einkaufs- etc.) Abteilung – oder PSF – sollte ebenso cool sein wie Nike … oder McKinsey … oder Arthur Andersen … oder IDEO.

Warum nicht?

Deshalb: PSF hat in meinen Augen in erster Linie etwas mit … Besonderheit, Handschrift, Standpunkt, Identität zu tun. Unterschiedliche Werbeagenturen haben einen unterschiedlichen Ruf (exzentrisch, verlässlich, langweilig etc.). Ebenso Beraterfirmen … und Wirtschaftsprüfer … und Architekten.

Also … warum nicht auch Sie?

B-I-T-T-E.

1. WER SIND WIR? Pardon, Hamlet, aber *das* ist hier die Frage. Wann haben Sie sie das letzte Mal gestellt … oder darüber nachgedacht? Beginnen Sie sofort damit … H-e-u-t-e. Setzen Sie sich mit zwei oder drei Kollegen gemeinsam an den Mittagstisch und eröffnen Sie die Wer-sind-wir-Diskussion.

2. Wofür … sehr konkret … stehen wir? Wie lautet unser Credo? Beginnen Sie diese Diskussion … umgehend. Worin – wieder, konkret? – heben wir uns von der Masse ab? Eine lokale (und erst recht eine überregionale) Architektin muss für etwas stehen, eine … klar erkennbare Persönlichkeit haben, für einen Stil, einen Look, eine Art, mit Kunden umzugehen, bekannt sein; Gleiches gilt für eine Anwaltskanzlei. Also, warum nicht … auch für Ihre Abteilung? **(Verdammt!?)**

12.

SEIEN SIE … L-E-I-D-E-N-S-C-H-A-F-T-L-I-C-H.

»Einkaufsorganisation mit Pfiff«: Klingt doch gut! Oder?

Die grundlegende PSF-Idee:

Einkauf/Finanzen/Personalabteilung/

was-auch-immer ist nicht langweilig!

Vielmehr ist sie – oder **sollte sie sein** – ein Entstehungsort für spannende

Wertschöpfung durch Akkumulation von intellektuellem Kapital.

Was so viel heißt wie: Leidenschaft hat in den »Personalabteilungen« (die im Sinne dieses Buches natürlich längst schillernde **PSF**s sind) einen Platz in der ersten Reihe. Personalabteilungen – *alle* Personalabteilungen – sollten **»super-coole«/»voll-schicke«** Arbeitsplätze sein. Ich meine: WARUM UM HIMMELS WILLEN NICHT?

Der Kern

Was wir tun, ist … VOLL COOL!

Und noch dazu ist es … wichtig.

Okay, Sie … stimmen mir zu. UND WEITER? Das »und weiter« ist …

L-E-I-D-E-N-S-C-H-A-F-T.

Leidenschaft für … *Finanzen*. Leidenschaft für … *Personalwesen*. Leidenschaft für … *Informationssysteme*. Leidenschaft für … *Einkauf*.

Ich finde das, was Sie machen (und übrigens auch, was ich mache) toll. Ich denke, in unseren besten Momenten … **sind wir wichtig.** In unseren besten Momenten … **bewirken wir etwas.** Ebenso viel wie Mark McGwire. Oder John Elway. Oder …?

Eine (andere) mögliche Formulierung: Ich habe die Leidenschaftslosigkeit satt, mit der wir gewöhnlich auf Personalwesen … und Informationssysteme … und Finanzen … und Einkauf blicken.

Was *ich* tue, ist cool. (Zumindest in den besten Momenten.) **Ebenso, was Sie tun.** Also lassen Sie uns doch zu dem stehen, was wir Tolles tun. (Leidenschaftlich. Okay?)

T.D.L./Machen Sie keine halben Sachen: Leidenschaft ist angesagt

1. Was ist »toll« an dem, was Sie tun? Warum ist es wichtig? Denken Sie ... klar ... und präzise ... darüber nach. Erstellen Sie eine Übersicht. Jetzt!

2. Nehmen Sie Ihr gegenwärtiges Projekt: Sind Sie mit Leidenschaft dabei? (Verwenden Sie den Begriff ... **L-e-i-d-e-n-s-c-h-a-f-t.** Verdammt!) Wenn ja, ... warum? Wenn nein, ... WARUM NICHT? Und, wenn nicht, was können Sie – konkret und sofort – tun, um Ihren Grad an Leidenschaft zu erhöhen?

3. Reden Sie mit drei Kollegen: Was bedeutet »Leidenschaft in der Buchhaltung« etc.? Noch einmal: B-i-t-t-e, nehmen Sie diesen Aspekt ernst. Diskutieren Sie darüber. **Jetzt.** Dringend. Ausführlich.

13.

NEHMEN SIE EINE *BEWERTUNG* VOR: HABEN WIR ETWAS BEWIRKT?

Ihr Engagement – für Ihre Kunden und Ihr Projektportfolio – ist langfristig angelegt. Richtig? Wissen wir eigentlich, wie gut wir sind?

Fragen Sie! Suchen Sie sich eine Hand voll Kernkunden heraus (nicht mehr als zwei), und bitten Sie sie, Ihnen einen ganzen Tag ihrer Zeit zu schenken. (Betteln Sie wenn nötig darum.) *Versuchen Sie – nach gründlicher Vorbereitung – herauszufinden, ob Ihre Projekte bei ihnen einen … BLEIBENDEN EINDRUCK … hinterlassen haben.*

Das ist es, worum es – letztlich – bei diesem Spiel geht: Hat sich der Kunde wahrnehmbar weiterentwickelt … auf Grund der Arbeit, die Sie zusammen geleistet haben? EINE ANDERE FRAGE STELLT SICH HIER NICHT! (*Falls* Sie ein engagierter und entschlossener professioneller Dienstleister sind.)

Der Kern

»In Ordnung«, sagen Sie. Oder eher: »Genug.« Aber ich sage: Niemals!

Es geht um … **W-I-R-K-U-N-G.** Kein Thema – keines! – ist wichtiger.

Es hat nichts zu tun mit »mangelnder Führungskompetenz«, das heißt: mit irgendwelchen »Chefs« weit ab vom Geschehen.

Um so mehr hat es mit … IHRER PERSON zu tun. MIT MIR. MIT UNSEREM … WESEN.

Hat »es« etwas bewirkt? Wir existieren, denke ich, um etwas zu bewirken (oder es zumindest mit allen Mitteln zu versuchen).

Ich habe viele Bücher über die Erforschung der Arktis und Antarktis gelesen. *Endurance – Shackleton's Incredible Voyage* (dt.: *635 Tage im Eis*). *The Worst Journey in the World.* Ich sehe Fernsehshows wie … *ER* … oder *NYPD.* Was haben ungeheure Expeditionen und mitreißende Fernsehshows gemeinsam? Sie handeln von WOW!-Projekten, Reisen … und Ereignissen, die sich auf das Leben unserer Mitmenschen auswirken. Richtig? (Und ist das, was wir in der »Personalabteilung« tun, weniger wichtig? Ich denke nicht.)

T.D.L./Wirkung!

1. Also: *Macht* Ihr gegenwärtiges Projekt *Sinn*? Wenn nicht, ... **warum nicht?**

2. Wie – konkret – können Sie den **W**irkungs-**G**rad des gegenwärtigen Projekts heben? Sie wissen genau, was ich meine. Korrekt? Also: Klemmen Sie sich dahinter! (Okay?)

3. Verwenden Sie das Wort. W-i-r-k-u-n-g. Ständig.

(Bitte.)

14.

»DURCH UND DURCH PROFESSIONELL« REICHT NICHT, SEIEN SIE ... PROVOKATIV.

Wir schreiben alle »i's« mit Pünktchen. Und alle »t's« mit Querstrich. Wir setzen Himmel und Erde in Bewegung, um in der Zeit zu bleiben. Und im Budget. *Aber* das ist ... bei weitem ... nicht genug.

Die drängende Frage: **Haben wir uns abgehoben? War sie – unsere Arbeit – so »verrückt«, wie es diese (entschieden) verrückten Zeiten verlangen?**

Ich hege größte Verachtung für »durch und durch professionelle Arbeit«, wenn sie den klaren Forderungen der Zeit ... nicht gerecht wird. Das ist mein Standard. Kein anderer. Sind Sie mit von der Partie?

»Aber ›Budget‹ ist doch wichtig«, rief ein frustrierter Seminarteilnehmer.

Ja! **Selbstverständlich!** (Ich habe ein paar kleine Geschäfte laufen. Budget ist sehr wohl wichtig.)

Dennoch …

War Einstein mit seiner Forschung »im Budget«? Oder Churchill … oder Roosevelt … mit dem Zweiten Weltkrieg? Wer weiß es? Wen interessiert es?

Solides Management *ist* notwendig. Aber »solides Management« ist nur Mittel, *nicht* … Ziel und Zweck der Übung. (Wie uns die meiste »Projektmanagement«-Literatur weismachen will.)

Ziel und Zweck:
Pro-vo-ka-tion!

»Wenn sich niemand über Sie aufregt, sind Sie hirntot und haben es nur nicht gemerkt«, höhnt ein Freund und legendärer Hightech-Projektmanager.

Projekte, die etwas bewirken, provozieren. Denken Sie nur an Galileo, den die katholische Kirche verfolgte, an Dr. Martin Luther King, Jr., der ermordet wurde, oder an fast alle anderen Figuren, die eine Erwähnung im Schulbuch Ihrer Tochter wert sind.

Nur wenige gesellschaftliche Veränderungsprotagonisten, die wirklich etwas bewirkt haben, waren nicht im Gefängnis. Nur wenige Arktisforscher kamen (wenn überhaupt) ohne erfrorene Gliedmaßen zurück.

»Provozieren« bedeutet nicht, andere mutwillig zu beleidigen. Es bedeutet vielmehr, in der *Un*bequemlichkeitszone zu agieren – permanent! – und vornehmlich Trost bei Ihren WOW!-Projekt-Mitstreitern zu finden.

Diese Logik erhält heute zusätzliche Bedeutung: Wir leben in, vorsichtig ausgedrückt, provokativen Zeiten. Und ich behaupte: Provokative Zeiten fordern provokative Maßnahmen. Die ganze Idee von der »PSF« ist letztlich, dass die »normale« Abteilung und ihre Aufgaben buchstäblich keine Zukunft haben. Die PSF will etwas bewirken. Punkt.

T.D.L./Provozieren Sie!

1. Sprechen Sie mit Ihren Kollegen über das Jahr 2001 ... und wie das neue Jahrtausend aussehen wird. Lassen Sie ein paar wilde Typen kommen, damit sie mit Ihrer Gruppe plaudern. Schneiden Sie provokative Artikel aus (oder laden Sie sie aus dem Internet herunter) und verteilen Sie diese. Bewerten Sie dann Ihre Bemühungen – Ihr gesamtes Projektportfolio! – im Hinblick auf den Jahr-2001-Standard. **Sind Sie im Rennen?** Oder nicht?

2. Noch einmal Millennium. Ein Jahrtausendwechsel findet nur alle 1000 Jahre statt. (Hätten Sie nicht gedacht!?) Für mich hat die Jahrtausendumstellung eine unglaubliche symbolische Wirkung. Mein Motto: WENN NICHT JETZT, ... WANN DANN? Und ich übertrage mein Motto auf Ihre Abteilung-alias-PSF. »Wenn nicht jetzt, ... wann dann?« Setzen Sie dieses Thema – kein Scherz – auf die Tagesordnung Ihrer wöchentlichen Besprechungen. Immer wieder. NUTZEN SIE DIESE CHANCE! (Wenn nicht, müssen Sie noch einmal 1000 Jahre warten.)

3. Verwenden Sie meine Begriffe: Sind die Projekte in Ihrem PSF-Portfolio alle – ohne Ausnahme! – **provokativ?** Zielen sie darauf ab, den Status quo zu verändern? Werden sie der Herausforderung des neuen Jahrtausends gerecht? Bewerten Sie dies. Regelmäßig. (Wenn nicht jetzt, **W-A-N-N D-A-N-N?**)

15.

F-Ü-H-R-E-N SIE IHRE KUNDEN!

Wir werden dafür bezahlt, dass wir unsere Kunden führen.

PSFs sind *die* vorrangige Quelle für Entwicklung intellektuellen Kapitals ... in einer Welt, in der intellektuelles Kapital alles ist. Deshalb ... haben PSFs eine führende Stellung im Geschäft. (Sonst ...) Frage deshalb: Haben *Sie* die auch? *Beweisen Sie es*!

Der Kern

PSFs SIND IN FÜHRENDER STELLUNG. (Das ist die inspirierende Idee hinter diesem Buch.) Und ebenso müssen *Sie* es sein.

Warum von der geführten »Abteilung« zur führenden »PSF«? Nun , ...

* um unsere Haut zu retten angesichts der Bürorevolution (unterschätzen Sie niemals die Macht des Eigeninteresses).
* weil es uns nicht egal ist.
* weil es wichtig ist.
* weil wir innovative Ansätze haben, um die Probleme der Kunden zu lösen, und innovative Rebellen, um diese Ansätze zu implementieren.
* weil es ungemein interessanter, aufregender, lohnender und VERGNÜGLICHER ist!

* weil wir es leid sind, **»die träge und lahme Buchhaltung«** zu sein, die … elenden »Erbsenzähler« (erinnern Sie sich an meine Sichtweise: IN DER BUCHHALTUNG GEHT DIE POST AB!)

Sprechen Sie mir nach:

Wir haben ein neues Jahrtausend erreicht!

Ich bin ein stolzer professioneller Dienstleister.

Ich werde meine Kunden in das gelobte Land f-ü-h-r-e-n. Oder es unter allen Umständen probieren.

Ja, in gewissem Sinn hat alles mit Bildsprache zu tun. **Die Metapher des Führens.** Es ist »cool«, bei Arthur Andersen oder Andersen Consulting zu arbeiten. Es ist öde, in der »Buchhaltung« zu arbeiten. Oder in der »Abteilung Informationssysteme«. Warum?

Warum? Weil wir zulassen, dass es so ist. Weil wir allzu häufig die Führungsherausforderung nicht annehmen! Weil wir nicht integraler Teil des Lebens unserer Kunden sind. Weil wir nicht verrückt-cool-provozierend sind. Weil wir nicht auf einer heiligen Mission sind. Weil wir keine wahnwitzig innovativen, pfiffigen Lösungen anbieten. Weil wir den anderen nicht fünf Schritte voraus sind. Weil wir nicht ständig Risiken eingehen. Weil wir nicht die Zukunft erfinden … und anschließend unsere Kunden dorthin führen.

Nun, lassen Sie uns das ändern. Und lassen Sie uns damit … sofort … beginnen.

T.D.L./Führen Sie Ihre Kunden!

1. Denken Sie an den früheren Rat, Kunden zu besuchen … Besuchen Sie jetzt noch einmal … in aller Form … Ihre »führenden« Kunden … in den nächsten sechs Wochen. **Das (einzige) Thema: ABENTEUER!** Sind wir in einem »Joint Adventure«? Sind wir »weit voraus«? Ist unsere Arbeit penetrant provokativ (siehe oben)? Sind Sie in Panik? (Wenn nicht, warum nicht? Jeder, der bei Verstand ist – das heißt, einer lohnenden Jahrtausendbeschäftigung nachgeht – wäre es.)

2. Setzen Sie eine Seminarreihe an. Laden Sie Referenten aus anderen Disziplinen ein. Laden Sie Kunden ein.

Verwandeln Sie Ihre Abteilung-alias-PSF in einen weithin sichtbaren Entstehungsort für provokative Ideen.

Werden Sie ein Treffpunkt für Vordenker.

Eine Sache, bei der jeder mitmachen möchte.

Erwägen Sie, E-Mails mit provokativ-witzigen Hinweisen auf wichtige Dinge an Ihre Kunden zu verschicken.

3. Fragen Sie bei jedem wöchentlichen Projektrückblick: Treiben/führen/reizen wir den Kunden **(w-i-r-k-l-i-c-h)?** Fügen Sie dies den Kriterien Ihrer Quartalsbewertung hinzu. (Nicht mogeln!)

16.

EIN WEITERES MERKMAL VON WOW!-QUALITÄT: KUNDENPOLITIK.

PSF-Motto:

Wir haben nichts gegen die »schmutzige Realpolitik«. Wir sehen in ihr eine unerlässliche Vorbedingung für die effektive Implementierung.

Deloitte & Touche brüsten sich damit, dass sie … *langweilig* seien, das heißt: hochgradig effektiv. Ihre Lösungen funktionieren im wirklichen Leben. Exzellente Implementierung ist ihr (sehr wirksames) »Identitätsmerkmal«. Der Punkt: Stellen Sie sicher, dass »wirklich etwas geschieht« und das Ergebnis Ihrer Arbeit nicht nur als eine weitere Berater-Expertise in irgendwelchen Regalen verstaubt. Viele PSFs rümpfen – traurig, aber wahr – über »Kundenpolitik« die Nase.

MÖGEN SIE IN SICH GEHEN! Politik – wechselseitiges Aushandeln – ist Leben. Spornen Sie Ihre Kunden an, und verzichten Sie dabei nicht auf (lautes) Trommeln. Aber … lernen Sie zu verstehen, dass Sie ein Teil des wirklichen Lebens mit seinem Drunter und Drüber sind. Implementierung erfordert häufig (stets?) Kompromisse. Es gibt keinen erfolgreichen Manager in den Führungsetagen, der bei entsprechenden Gelegenheiten nicht Zuflucht zu »politischen Mitteln« genommen hätte. Dasselbe gilt für erfolgreiche PSFs.

Also … willkommen im Club. UND … WILLKOMMEN IM WIRKLICHEN LEBEN!

ARBEIT MACHT NUR SINN, WENN SIE IMPLEMENTIERT WIRD. SO EINFACH IST DAS.

UND: EFFEKTIVE IMPLEMENTIERUNG = POLITISCHES GESCHICK (UND DESSEN EINSATZ.)

Politik … ein **hübsches** Wort. Politik, … die Kunst, etwas geschehen zu lassen. Ist Prinzipientreue wichtig? Absolut zum Ersten. Ist Politik wichtig? Absolut zum Zweiten. Schließen sich die beiden gegenseitig aus? **Nein!** Erfordert das Ausbalancieren von Prinzipien und Politik häufig die akrobatischen Fähigkeiten eines Seiltänzers? **Ja!** Handelt es sich um Fähigkeiten, die eine erfolgreiche PSF entwickeln *muss*? **Ja, ja, ja!**

Meine persönliche PSF-Erfahrung besagt, dass ungefähr 80 Prozent meiner Zeit für … Politik draufgeht. Nennen Sie es Verkaufen. Nennen Sie es Kompromisse. Nennen Sie es Kontaktpflege. Nennen Sie es schnöde Pläne zur Umsetzung verfolgen. Nennen Sie es mit den Leuten in vorderster Linie – in Toledo oder Timbuktu – arbeiten, die maßgeblich sind für die Implementierung meiner »tollen« Idee. Nennen Sie es: P-o-l-i-t-i-k!

Haben Sie es gelesen? **80 Prozent meiner Zeit.** Das ist eine ganze Menge. Es ist ein Privileg, dieses Buch schreiben zu können. Es ist Kreativität in der reinsten mir zur Verfügung stehenden Form. Und es ist nur die kleinste Spitze des Tom-Peters-Eisbergs. Alles, was ich im Lauf der Jahre bewirkt habe, ist dem Umstand zu verdanken, dass die (unregelmäßigen) Bücher begleitet waren von Hunderten von Seminaren (und Tausenden von Stunden des Wartens auf verspätete Flugzeuge), von Hunderten (vielleicht Tausenden) von Presseinterviews, Hunderten von Einzelgesprächen zur Klärung kleinster (aber ungeheuer wichtiger) Details irgendeiner Veranstaltung. Etc. Etc.

Tatsache ist, ich genieße die Seminare, das Feedback, die kniffligen Fragen, die dazugehörigen Medienshows, die Einzelgespräche, die Mühen in den »Schützengräben«. (Allerdings kann ich nicht behaupten, dass mir jede Flugverspätung gefiele.) Ich genieße es, weil ich weiß, dass es *wesentlich* zur Wirkung meiner Arbeit beiträgt, und … ich möchte wissen, dass ich etwas bewirke. Ebenso wie ich genießt der exemplarische Vertreter einer PSF die Politik des Implementierens – und wächst daran. Sie ist keine »Ablenkung«. Sie bildet … im Ganzen gesehen … das **Zentrum des Spiels.**

Es handelt sich um ein faszinierendes Phänomen: Jener junge PSFler, der meint, die intelligente Lösung – ein aus dem Ärmel geschüttelte Ass – sei allein Ziel und Zweck. Ja, die Arroganz (und Ignoranz) der Jugend. (Gesegnet sei sie, wir benötigen … dringend ihre Findigkeit und Furchtlosigkeit.) Aber der PSFler, der auf die Dauer triumphiert, der es bis … in die Spitzenränge schafft, lernt rasch, dass die Politik der Nachhaltigkeit die einzige Möglichkeit ist, ein Vermächtnis zu erzeugen, das Bestand hat.

T.D.L./(Freudige) Politik des Implementierens

1. Noch einmal gehen wir (gehen Sie) … zum Kunden. Aufgabe diesmal: Führen Sie eine schonungslose Wirksamkeitsprüfung durch: *»Hat unsere Arbeit gepasst?« »Wann nicht?« »Warum nicht?«* Machen Sie – mindestens – einmal im Jahr mit jedem Kernkunden eine Bestandsaufnahme der Wirkung Ihrer Arbeit.

2. Ist die Implementierung (die Politik des Implementierens) vom ersten Tag an ein Hauptanliegen jeden Projekts? (Sind Sie sicher?)

Stopp.

Setzen Sie … für jedes Projekt eine Implementierungs-Bestandsaufnahme an. (In den nächsten zwei Wochen.)

3. Wie klar/dominant ist effektive Implementierung im Wertekatalog Ihrer PSF verankert? Und in der formellen Beurteilung jedes Mitarbeiters?

4. Sind Beschäftigte aus der vordersten Linie der Kundenorganisation in *jedem* Projektteam vertreten? (Hinweis: Sollten sie sein, wenn Sie es ernst meinen mit effektiver Implementierung!)

5. Umfasst jedes Projekt einen klaren, formellen Implementierungsplan? Und beginnt die Umsetzung dieses Plans unmittelbar beim **Start** des Projekts?

6. Gibt es Trainingsmaßnahmen zur Projektimplementierung? Findet eine offene Diskussion zur Politik des Implementierens statt?

7. Als PSF-Chef:

Haben Sie irgendwen in der PSF wegen mangelndem Implementierungsgeschick **gefeuert** (Ja!)? (Wenn nicht, dann machen Sie sich, was die Bedeutung des Implementierens betrifft, wohl etwas vor. Glauben Sie mir.)

17.

KEIN PSF-ERFOLG OHNE ... DIE EDLE KUNST DER BALANCE.

Sie wollen provozieren. Sehr gut. Und ... Sie wollen etwas bewirken. (Wollen, dass auf Grund Ihrer Bemühungen auch *etwas geschieht*!) Auch gut. Damit ist alles ein grandioser Balanceakt.

Der Kern

Cool = cool. Implementierung = Wirkung. Und das eine hat mit dem anderen wenig zu tun.

Treiben Sie an. Spornen Sie an. Provozieren Sie. **Und** ... implementieren Sie. Führen Sie den Kunden. **Und** ... verfassen Sie das **d**efinitiv **d**etaillierte **I**mplementierungs-**H**andbuch.

Ich bin ungehalten, doppelt sogar: Darüber, dass so verdammt wenige »Abteilungen« – und auch nicht besonders viele PSFs, um ehrlich zu sein – meinen Jahrtausendwechsel-Provokationsstandard erfüllen. *Und* darüber, dass so viele PSFs erbärmliche Implementierer sind, die die Spieler der vordersten Linie auf Seiten der Kunden ignorieren. Und die sich zu gut dafür sind, das 200-seitige Implementierungs-Handbuch zu schreiben und das Training für 40 000 (oder 400) Leute durchzuführen, um dem Handbuch Leben einzuhauchen.

Schlussfolgerung: Leben ist die edle Kunst der Balance. Das Leben ist ein Jonglierstück. Jonglieren zwischen Ihrer Arbeit ... und Ihrer Familie ... und Ihren Freunden ... und Ihren außerplanmäßigen Sehnsüchten und ... was auch immer. Eine Balance schaffen zwischen Ihren Bedürfnissen, Träumen und Wünschen ... und dem, was Sie tatsächlich erreichen können. Wer hierin erfolgreich ist, hat die Kunst des Lebens gemeistert. Es sollte uns also nicht überraschen, wenn **die großartige PSF** – und ich verlange, dass aus Ihrer »Abteilung« eine solche wird – ständig mit artistischen Fragen befasst ist.

Spannung. Begeisterung. Coole Sachen. **Tolle Freaks.** Und ... DINGE MIT HAND UND FUSS. Sie *brauchen* beides. Und es gibt keinen einfachen, geraden Weg, um beides zu erreichen. Viele PSFs schwanken hin und her zwischen zu konservativ und zu radikal. Die Konservativen scheitern am WOW!-Test, die Radikalen am Implementierungstest.

Glauben Sie mir, es gibt weder eine einfache, noch eine eindeutige Antwort. »Machen Sie beides« ist ein ebenso nützlicher Ratschlag wie: »Erreichen Sie Gardemaß und seien Sie klein und wendig zugleich.« Im nächsten Leben vielleicht.

Beides *wichtig* nehmen? Ja! Sich auf beides *konzentrieren?* Ja! Aber beides »sein«? Niemals! Es ist klar: Einige (gute) PSFs sind für radikale Ansätze bekannt. Einige (gute) PSFs haben sich durch exzellente Implementierung einen Namen gemacht. Wenige (keine?) sind durch simultane »Spitzenleistungen« auf beiden Feldern berühmt geworden.

Also jonglieren Sie. Sie tendieren nach links. Sie neigen nach rechts. Sie sind von beiden Aspekten besessen. Aber eine »Lösung«? Wird es nicht geben. Das bedeutet jedoch (GROSSES »JEDOCH«) nicht, dass Sie auch nur einen Augenblick aufhören dürfen, es zu versuchen! Denn wenn Sie das tun, kommt Ihre Balance mit Sicherheit in eine Schieflage und Sie geraten in große Schwierigkeiten – entweder durch einen Haufen nutzloser WOW!-Ergebnisse (die Sie nicht in die Praxis umsetzen können) oder durch eine weitgehend wirkungslose Implementierung (von Lösungen, die bestenfalls Mittelmaß sind).

T.D.L./Permanenter Balanceakt!

1. Reden Sie gleichzeitig durch beide Mundwinkel und mit lauter Stimme.

Sprechen Sie von »cool«. Sprechen Sie von »effektiver Implementierung«. Halten Sie beides (ständig) am Kochen. Und lassen Sie niemals das eine »Gericht« anbrennen, während das andere noch roh ist.

2. *Formalisieren* Sie Ihre Reden (siehe erster Punkt). Bewerten Sie Effektivität – qualitativ – nach beiden Dimensionen: in einer Skala für coole Dinge und einer Skala für wirksame. Implementierung.

3. Haben Sie bei Einstellungen (und Beförderungen) beide »Seiten« im Auge, was beinahe unweigerlich zu zwei unterschiedlichen Arten von Mitarbeitern führt. Verschwenden Sie Ihre Zeit nicht mit der nutzlosen Suche nach dem Nirwana – beide Fähigkeiten in einer Person. Dieses Überwesen mag irgendwo existieren, aber ... begegnet bin ich ihm noch nicht (und ein bisschen bin ich inzwischen herumgekommen).

4. Melden Sie sich bei einer Reihe von Jonglier- und Seiltanzkursen an. (Ich meine das mehr oder weniger ernst.)

18.

BUCHHALTUNG (ETC.) IST EINE DARSTELLENDE KUNST.

Der Kern

Ich *bin* auf einer Mission! Ich gebe es offen zu. Personalwesen ist cool! Buchhaltung ist spitze! Informationssysteme sind dufte! Mindestens so cool-spitze-dufte wie alles, was auf irgendeinem Fußballfeld oder auf irgendwelchen Bühnenbrettern passiert.

Also, Mr./Ms. Personalwesen-Buchhaltung, ich möchte, dass Sie anfangen, wie John Elway oder Gwyneth Paltrow oder Luciano Pavarotti oder Robin Williams … oder Ihr Lieblingsdarsteller zu denken. Sie sind ein … darstellender Künstler.

(Sie führen WOW!-Projekte auf, die das Leben von Tausenden – von Kollegen, Kunden – optimieren könnten. **Richtig?**)

Darstellende Künstler profitieren vor allem von einem: ihren einzigartigen naturgegebenen Talenten. Und zum Glück hat *jeder* einzigartige naturgegebene Talente! Was sind die *Ihren?* Setzen Sie sie bei Ihrer Arbeit *voll* ein? Hoppla, Kollegen, genau darum geht es. *Sie* – fabelhaftes, glorreiches, begabtes Wesen! (Ich lebe nicht in einer Traumwelt. Ich weiß, dass nicht jeder ein Superstar sein kann. Aber ich weiß auch – *mit jeder Faser meines Wesens –, dass jeder von uns* über ungenutzte Reserven an Talenten verfügt. Im Kern handelt dieses Buch davon, einen Ort – **eine dufte PSF** – zu schaffen, wo Sie *Ihre* Gaben ungeniert entdecken und entfalten können.)

Es ist persönlich. Ich **liebe** die PSF-Welt! Die Welt der Werbeagenturen! Der Anwaltskanzleien! Des Grafikdesigns! Der Architektur! Der Wirtschaftsprüfer! Des Verlagswesens! Des Internets! Der Beraterfirmen! Der Personalabteilungen! Der Informationssysteme!

Ich liebe diese Welt, weil sie von menschlicher Kreativität und Problemlösungen handelt/handeln kann. (Besonders heute, wo die Computer uns allmählich mehr und mehr von der mechanischen, »schweißtreibenden« Büroarbeit abnehmen.) Ich liebe sie, weil sie vom Erfinden handelt. Ich liebe sie, weil viel versprechende Teams darin vorkommen. Das heißt, ich liebe mein PSF-Leben, weil es eine darstellende Kunst ist! Und ich möchte, dass Sie das Ihre lieben.

T.D.L./Darstellende Kunst – darstellende Künstler

1. Haben wir auch unseren Spaß dabei? (Kein Scherz!) Als PSF-Chef: Was haben Sie … **heute** … getan, um aus »dem Üblichen« ein »Jahrtausendwechsel-Abenteuer« zu machen? Eine Safari? Eine Extravaganz? Ein Spitzenspiel? Denken Sie darüber nach. Gründlich. Bitte.

2. Seien Sie plakativ! Füllen Sie die Wände mit Abenteuer-, Film- und Sportlerpostern.

(Oder dergleichen.) Lassen Sie einen Abenteurer vor Ihrem Team sprechen, einen Entertainer, den Produzenten einer Las-Vegas-Show, einen Zauberkünstler – wer immer Ihre zukünftigen Stars zu neuen Höhen inspiriert. Schaffen Sie eine Atmosphäre mit P-E-P! Fördern Sie L-E-I-D-E-N-S-C-H-A-F-T und P-E-R-F-O-R-M-A-N-C-E!

19.

UM BEI DEM BEISPIEL ZU BLEIBEN: BUCHHALTUNG IST EIN »GESCHÄFT«.

Der Kern

Und jetzt ein Wort von unserem Sponsor! Eine PSF ist auch ein … **G-e-s-c-h-ä-f-t.** Wir wollen, dass sich unsere »Mitarbeiter« auf effektive WOW!-Projekte konzentrieren. Wir wollen, dass sie Sklaven ihrer Kunden sind. Wir wollen, dass sie sich als Unternehmer … und Entwickler erstklassiger Produkte sehen. (PSFs sind genau so gut wie die neuen Produkte, die sie ihren Portfolios hinzufügen.) Aber wir wollen auch (und sind darauf angewiesen), dass sie etwas von Budget und Zeitplanung verstehen. Und von Kostenmanagement.

Nein, Sie (ich!) müssen nicht in *all* diesen Fragen gleichermaßen kompetent sein. Aber alle Vertreter einer PSF sollten diese »geschäftlichen Fragen« zumindest immer im Hinterkopf behalten.

Einige PSFs – ich werde keine Namen nennen – sind so sehr auf einen hohen Prozentsatz anrechenbarer Stunden (Auslastung) fixiert, dass das WOW! hinter dem Horizont verschwindet. Ich denke, daran ist etwas faul! Andererseits …

sollten wir uns alle vollkommen im Klaren darüber sein, dass wir Dienstleistungen erbringen müssen, **»die ihr Geld wert sind«.**

Die Lösung: Schauen Sie wenigstens mit einem Auge stets auch auf die Summe unterm Strich. Pavarotti tut dies, bei aller Kunst. Und ebenso sollte es Jane Smith von der Buchhaltung tun … und nebenbei bemerkt auch Tom Peters.

T.D.L./Wir alle sind Geschäftsleute!

1. Als PSF-Chef: Erklären Sie Ihren Kollegen das »Geschäftsmodell«: Was Sie berechnen. Was die Geschäftstätigkeit kostet. Es braucht nicht (sollte nicht!) kompliziert, aber es sollte klar sein. Das heißt:

Machen Sie jeden zu einem bewussten Mitverschwörer im Bemühen um ... Arbeit, die ihr Geld wert ist!

2. Geben Sie jedem eine einfache Übersicht der monatlichen Finanzen. (Auch ohne die formelle Entscheidung, eine PSF zu werden.) Veranstalten Sie monatlich oder alle zwei Monate ein Arbeitsessen, um finanzielle Fragen zu diskutieren. (Bieten Sie zudem ein geeignetes Training an; jedem sollten die Grundlagen der Geschäftsfinanzen geläufig sein.) Hierbei ist wichtig, dass die ganze Crew weiß, was auf dem Spiel steht (nämlich ihre Jobs!).

3. Arbeiten sie mit jedem PSF-Mitglied an einem Geschäftsplan. **(Verwenden Sie diesen Namen!)** Er ersetzt Zielvereinbarungen (Management by Objectives) oder was auch immer in Ihrem gegenwärtigen Beurteilungsverfahren vorgesehen ist.

20.

HABEN SIE WIRKLICH WAGHALSIGE PROJEKTE AUF IHRER LISTE?

Ein paar Projekte, die Ihnen den Angstschweiß auf die Stirn treiben? Okay, gerade habe ich Politik und Profit das Wort geredet. Aber zurück zum Projektportfolio:

Wenn Sie wollen, dass etwas »Großartiges« passiert ... nun, ... dann haben Sie keine Alternative: Ihr Portfolio muss wirklich etwas Ausgefallenes enthalten.

Der Kern

Weshalb ist Ihrer Meinung nach Silicon Valley das ökonomische Zentrum des Universums? Sicher, es hat Hewlett-Packard. Keine Kleinigkeit. Aber es hat auch seinen (un)gerechten Anteil an Apples und Yahoos und Oracles und Intuits und Ciscos hervorgebracht – ausgefallene Resultate ausgefallener Versuche. (Das Werk von Freaks – um mein Lieblingswort zu benutzen.) Oder »verrückt-großartige« Ergebnisse, um mit Steve Jobs von Apple zu sprechen, die nur aus ... unzähligen verrückten »Wagnissen« resultieren können. Ohne Sicherheitsnetz!

Kein Risiko.
Keine Durchbrüche.

Kann es so einfach sein? Nein. Aber fast.

Vielleicht ist dies mein vorrangiges Problem, das ich mit »Abteilungen« habe: das »Fortschreibungs-Syndrom«. Die meisten Projekte sind Variationen bekannter Themen. Die wenigsten wagen den Vorstoß ins Ungewisse. Um jedoch einen gelegentlichen Home Run (oder auch nur Three-base-Hit) hinzulegen, müssen Sie bereit sein, (viele!) Dinge zu versuchen, die Sie niemals zuvor zu versuchen gewagt haben.

»POSITIVE VERLUSTE«

Jon Katzenbach, mein späterer Mentor, wurde 1970 Managing Director des gesunden, aber farblosen Büros von McKinsey & Co. in San Francisco. Er und seine Partner waren entschlossen, das verstaubte Image zu verändern ... und mehr Spaß zu haben. Sie begannen, auf interessante Geschäftsideen zu setzen. Und den manchmal gleichfalls verstaubten Kunden gewagte Vorgehensweisen vorzuschlagen.

Häufig spielten die Kunden nicht mit. Aber davon ließen sich Katzenbach und seine Kollegen nicht irritieren. Sie entwickelten sogar einen Namen für diese Zurückweisungen: »Positive Verluste«. Ein solcher Verlust war ein nobler – der Zeit möglicherweise vorauseilender – Versuch, der sich zwar nicht bezahlt machte, aber mit den langfristigen Absichten der Partnergruppe in San Francisco im Einklang stand.

Mit der Zeit stellten sich Erfolge ein, und das Projektportfolio des Büros bekam immer klarere und zukunftsweisende Konturen. Als ich einige Jahre später dazukam, war McKinseys Büro in San Francisco der spannendste und viel versprechendste Ort im ganzen Unternehmen – sowohl in Bezug auf Menschen wie auf Projekte. Bis heute schreibt Jon Katzenbach diese Wende der Idee des »positiven Verlusts« zu.

T.D.L./Vorstöße ins Ungewisse

1. *Dies ist möglicherweise der wichtigste »Handlungsvorschlag« des Buches:*

Bewerten Sie **jedes Projekt** Ihres Portfolios – sofort – in Bezug auf seinen Risikogehalt.

Wie viele sind gewagte Wetten auf, sagen wir, coole Technologie oder verrückt-coole Leute? Mein Urteil: Wenn Ihr Portfolio nicht zu 25 Prozent aus riskanten/wilden/verrückten Projekten besteht, sind die Chancen auf einen Volltreffer ... praktisch gleich Null. (Bitte denken Sie gründlich – und gemeinsam mit anderen – darüber nach.)

2. Laden Sie eine verlässliche – und etwas »spleenige« – externe Beraterin ein, um Ihr komplettes Projektportfolio zu bewerten. Wie viele Ihrer Projekte erhalten auf einer Skala von eins bis zehn (eins = vorsichtig, zehn = wild und draufgängerisch) durch sie die Note sieben, acht, neun oder zehn? Bitten Sie sie um Rat, wie Sie diese Bewertung verbessern ... und/oder die Gesamtzahl an Projekten reduzieren und die Noten der verbleibenden Projekte erhöhen können.

3. Untersuchen Sie (noch einmal) *alle* aktuellen Projekte: Wie können Sie den Risikogehalt selbst des »kleinsten« unter ihnen erhöhen? Hinweis. Meine Erfahrung besagt, dass es möglich ist. Und oft ist das »kleinste unter ihnen« sogar der beste Ausgangspunkt. Kleine Projekte haben in der Regel viel »Spielraum«, gerade weil sie klein und deshalb nicht ständig dem mikroskopisch prüfenden Blick des »Establishments« ausgesetzt sind.

4. Erweiteren Sie im nächsten Monat Ihr Portfolio um ein waghalsiges Projekt, das Ihnen die Knie schlottern lässt.

(Verwenden Sie Ihren Angstpegel als Maßstab für die Güte des Projekts.)

Gehen Sie dieses Projekt mit dem vollen Bewusstsein an, dass es schief gehen kann – oder ebenso gut zum großen Wurf werden kann. Ich meine es ernst: Es ist der ultimative Praxistest Ihrer Einsatzbereitschaft.

Betrachten Sie es als Initialübung für zukünftige PSF-Mitglieder.

21.

HINTERLASSEN SIE EIN ... VERMÄCHTNIS.

Es ist arrogant. Es ist egozentrisch. Aber es ist der »Maßstab«, den Sie tunlichst im Kopf haben sollten. Fragen Sie sich selbst:

»WAS – WENN ÜBERHAUPT – WIRD AUS MEINEN DREI JAHREN ALS GESCHÄFTSFÜHRENDER GESELLSCHAFTER DER PERSONAL AG IN ERINNERUNG BLEIBEN?«

Der Kern

Denken Sie zurück an die drei Jahre im Omaha Vertriebszentrum ... vor elf Jahren. Ich wette, es gibt nur eine Sache, die wirklich herausragt: »Wir haben es wirklich geschafft, das EDI-[Electronic-Data-Interchange]-Programm zum Laufen zu bringen!« Oder was auch immer.

Von den typischen Episoden innerhalb eines Jobs bleibt in neun von zehn Fällen gerade einmal e-i-n-e Sache in Erinnerung.

Bleibt zu hoffen, dass es eine fabelhafte Sache war, die etwas bewirkte, die diesen zwei/drei/vier *Jahren* Ihres Lebens Ihren Stempel aufdrückte. Die aus dem Job ein **g-r-o-ß-e-s** Ereignis machte.

Ich bitte Sie, zielgerichteter und aktiver über Ihr Vermächtnis nachzudenken. Als PSF-Chef arbeiten für Sie, sagen wir, 19 Leute, im Einkauf (Personalabteilung etc.); und in diesem Augenblick sind sie mit sieben Projekten beschäftigt. Also: Was ist der (potenzielle) Wert dieser Projekte? Sind es Aufgaben, die Ihnen von der »oberen«

Führungsetage auf einem Teller vorgesetzt wurden … und die Sie brav ausgeführt haben? Oder haben Sie die Sache in die eigenen Hände genommen und aus der PSF-Perspektive betrachtet? Also vielleicht eine E-Commerce-Komponente eingeführt, weil das der eigentliche Bereich ist, in dem Sie Ihre Handschrift hinterlassen wollen?

Gewinner setzen Schwerpunkte! **PSF-Gewinner setzen entscheidende Schwerpunkte!** Bis zu einem gewissen Grad müssen Sie akzeptieren, was Ihnen aufgetischt wird; aber … wer entschlossen Schwerpunkte setzt, wird – siehe oben – sicherstellen, dass mehr oder weniger jedes Projekt den Bereich widerspiegelt, in dem er eine nachhaltige und beeindruckende Wirkung entfalten will.

He, … nur drei Jahre für den Auftrag! Kein Augenblick zu verschwenden! (Einige US-Präsidenten haben an ihre Mannschaft »Rückwärtskalender« ausgeteilt, die die noch verbleibenden Tage der laufenden Amtsperiode zählten. Eine Idee, die Sie übernehmen könnten.)

T.D.L./Entscheidende und nachhaltige Schwerpunkte

1. Dies ist persönlich!

Was wird einst die
Handschrift
sein, die Ihr dreijähriges
Abenteuer im Einkauf hinterlässt?

Was – kurz und bündig – soll von Ihrer »Dienstzeit« einmal in Erinnerung bleiben? **Schreiben Sie es auf. Einen Absatz.** (Ihr erster Versuch wird vielleicht nicht gleich ein Volltreffer sein, aber Sie müssen beginnen, so zu denken … **je eher, desto besser.**)

2. Angenommen, Sie wissen bereits in etwa, was Ihre Hinterlassenschaft sein soll: Könnten Sie diese Komponente (Perspektive) in jedes/so gut wie jedes Projekt aus dem Portfolio Ihrer PSF einbauen?

3. Ziehen Sie coole angesehene externe Ratgeber heran, die Ihrer Clique erzählen können, wie sich das Gewicht dieser »Schwerpunkt-Idee« in der PSF-Einheit insgesamt verstärken lässt.

4. Suchen Sie »coole« – wenn auch vielleicht formell eher unbedeutende – Kunden, die sich an verrückten und waghalsigen Experimenten beteiligen, die sich aus Ihrer **S**chwerpunkt-**I**dee ergeben.

22.

GANZ ... ODER GAR NICHT!

Das »Projektleben« verlangt uneingeschränkt gegenseitige Unterstützung. Gary Withers, Chef von Imagination, Großbritanniens verrücktem Marketingunternehmen, ist ein Fan von WOW!, wie es nirgends einen größeren gibt.

Aber er besteht darauf, dass der Hauptgrund für seinen Erfolg darin liegt, dass alle auf allen Ebenen – ganz gleich, wie viel sie gerade zu tun haben – bereit sind, alles stehen und liegen zu lassen, um jemandem, der in der Klemme sitzt, zu helfen.

Das heißt, großartige PSFs handeln von einer außergewöhnlichen Vision *und* einem uneingeschränkten Einsatz füreinander, von einer vorbehaltlosen Bereitschaft einzuspringen, wenn jemand in unruhiges Fahrwasser gerät. Und das passiert häufig, wenn Sie ... ein weit gestecktes Ziel verfolgen oder etwas Besonderes erreichen wollen.

Der Kern

Projekt! Schwerpunkt! Einsatz! Alles richtig.

UND ... wechselseitige Unterstützung.

Mein früherer Arbeitgeber McKinsey & Co. forderte eine Form der Konzentration auf laufende Projekte, die mich von Tylenol und Mylanta abhängig machte (von Koffein ganz zu schweigen). Das Motto war: Das Projekt. Das Projekt. Das verdammte Projekt.

Aber ...

Es gab eine **(gewaltige)** Ausnahme: Wenn ein Kollege aus Australien oder Österreich anrief ... und Informationen benötigte. Oder wenn ein Projektteam am Tag vor der Präsentation um elf Uhr abends Hilfe brauchte ... nun, dann haben Sie alles stehen und liegen lassen und geholfen. Oder Sie waren weg vom Fenster!

Ich bin ehrlich gesagt nicht sicher, ob viel Altruismus im Spiel war. Sie wussten vielmehr, dass Sie einmal selber in Not geraten könnten ... immer mal wieder. Dann würden Sie einige Informationen aus Wien oder Sydney benötigen. Sie würden jemanden brauchen, der um ein Uhr nachts diese blöde Xeroxmaschine bedient.

Das Projektleben duldet keine halben Sachen.

Und das ist wahr. Wer bei EDS oder Young & Rubicam schuftet, erfüllt in der Regel eine »lohnende Mission«. Aber »spät« (wie verspäteter Vorschlag) ist im Wortschatz von EDS ebenso wenig vorgesehen wie in der Anwaltskanzlei, deren Mitarbeiter die Berufungsfrist um »ganze« fünf Minuten verpasst.

T.D.L./Halbe Sachen funktionieren nicht

1. Als PSF-Chef: Sprechen Sie laut, ausführlich und klar über die Bedeutung von vollem Einsatz. Sprechen Sie über das Setzen von Prioritäten. Sprechen Sie über einer-für-alle-und-alle-für-einen. (Seien Sie ruhig pathetisch, wenn Sie wollen.) **UND LEBEN SIE ES VOR!** Gehen Sie um zwei Uhr nachts die Pizza kaufen, gerade weil Sie der Chef sind; krempeln Sie Ihre Ärmel hoch und machen Sie sich die Hände schmutzig (zum Beispiel beim Wechseln der Tonerpatrone des Kopierers). Grundtenor:

Haben Sie heute gelebte Dringlichkeit trainiert? **SIND SIE SICHER?**

2. Nehmen Sie dieses Kriterium – uneingeschränkte wechselseitige Unterstützung – in die formalen Beurteilungsverfahren auf. Was bewertet, belohnt und, ja, sanktioniert wird, wird gemacht oder nicht gemacht. (»Mir ist egal, wie ›unglaublich großartig‹ Richard ist. Wenn er es nicht fertig bringt, anderen in Zeiten der Not zu helfen, kann er … gehen.«)

3. Praktizieren Sie MBSA oder Managing by Storying Around (Management durch Geschichtenverbreiten) nach David Armstrong von Armstrong International. (Er schrieb ein Buch mit diesem Titel. Und es ist seine Managementphilosophie.)

Das bedeutet:

Machen Sie aus den unglaublich aktiven Leuten, die zwei Extrameilen gelaufen sind, um einem anderen Team zu helfen, sichtbare Helden.

Wie steht's mit einer Hall of Fame für das Leisten von Extrameilen? Oder einem wöchentlichen/monatlichen Preis für solche Extratouren?

22a.

PRAKTIZIEREN SIE »SERIELLE MONOGAMIE«.

Oder: »Eins« ist eine schöne Zahl!

Der Kern

Eine Seminarteilnehmerin bemerkte, was ich zu WOW!-Projekten sage, sei ja alles schön und gut. Sie habe – in ihrer Nonprofit-Organisation – lediglich das Problem, dass sie zu eingespannt sei, da sie an einem halben Dutzend »wichtiger« Projekte gleichzeitig arbeite.

»Nein«, rief ich. (So etwas in der Art.) Das Projektleben duldet keine halben Sachen: siehe Kapitel 22. Und »totales emotionales Engagement« für eine Vielzahl von Projekten ... egal, wie wichtig ein jedes ist, ist ... schlechterdings unmöglich.

Wir alle arbeiten an verschiedenen Dingen gleichzeitig, darunter Judys Wissenschaftsprojekt für die Schule, das übermorgen fertig sein muss. (Wie Ihre Kundenpräsentation.) Trotzdem, die Projektwelt verlangt Konzentration/serielle Monogamie ... oder etwas, das dem sehr nahe kommt.

Spitzenleistung in einem Projekt setzt voraus, dass es erste Priorität hat. Daran gibt es nichts zu rütteln. (Ich kann in diesem Punkt keine Kompromisse machen. Dazu bin ich zu lange im Geschäft.) Vielleicht arbeiten Sie nebenbei noch an etwas anderem. (Gewiss, wir befinden uns im *wirklichen* Leben.) Gut, aber denken Sie daran: Es ist … *zweitrangig*. Bedenken Sie immer … und immer … **und immer wieder**, was Vorrang hat, und halten Sie Auge/Herz/Seele/Verstand fest auf die Gewinnprämie gerichtet. Das Projekt/Vermächtnis/Leben, das Ihre Handschrift trägt, verlangt dies von Ihnen.

T.D.L./Serielle Monogamie

1. Weisen Sie jedem Projekt engagierte und fanatische Vollzeit-Verantwortliche zu, die ihre Projekte leben/essen/atmen/schlafen/lieben. Die mit dem Projekt *verheiratet* sind – in guten wie in schlechten Zeiten. Feilen Sie so lange an Ihrer Projektliste, bis praktisch jeder Mitarbeiter Ihrer PSF auf diese Weise mit (genau) einem wichtigen Projekt liiert ist. Punkt.

2. Arbeiten Sie gemeinsam mit Ihren Kunden daran. Akribisch. Stellen Sie klar, dass Sie mit Sicherheit armselige Ergebnisse produzieren werden, wenn Sie Ihre Kräfte auf zu viele Dinge verteilen, egal … wie »dringlich« Projekt Nummer drei, vier und fünf auf der Prioritätenliste sein mögen.

23.

PSFS BRAUCHEN LEITBILDER!

Punkt.

Der Kern

Es kommt mir so irrwitzig vor.

Ich kann mich nicht erinnern, wann ich das letzte Mal einer Personal- oder Finanzabteilung mit einem Leitbild begegnet bin.

Warum nicht?

Sicher, wir – in Buchhaltung, Personalwesen, was auch immer – haben Zielvorstellungen von Nützlichkeit, Spitzenleistung und cooler Arbeit. Warum also formulieren wir diese Vorstellungen nicht, sodass sie … für jedermann erkennbar sind?

Ich schätze, die Antwort auf »warum nicht« ist, dass sich die Beschäftigten solcher Einheiten einfach noch nicht als unabhängige Akteure betrachten. Und das ist eines der **(wesentlichen)** Dinge, die dieses Buch ändern will.

Unten können Sie den Wertekatalog/das Leitbild einer unabhängigen professionellen Servicefirma mit 25 Mitarbeitern sehen. Lesen Sie es wenigstens einmal durch. Diskutieren Sie darüber mit … jedermann. Die Gruppe/PSF/Beratungs- und Schulungsfirma, die es geschrieben hat, strebt nach globaler Reputation. Coole Leute. Coole Projekte. Etc.

Und Sie: Sie sind die Personalabteilung des 600-Personen-Geschäftsbereichs XYZ von Big Company.

Wollen Sie, dass diese Personalabteilung in i-r-g-e-n-d-e-i-n-e-r Sache die allerbeste Personalabteilung der ganzen Welt ist?

Wenn nicht, W-A-R-U-M N-I-C-H-T?

Das ist mein Anliegen hier. **PSF ist cool.** Und wir wollen, dass man sieht, dass wir in dem, was wir tun, verdammt gut sind … Selbst, wenn wir noch eine Abteilung in einem Geschäftsbereich sind.

Und das setzt voraus, dass wir eine klare *Vision* haben! Dass wir für etwas stehen, nach … etwas streben, um … etwas ringen, … das größer ist als wir. Etwas Nobles und Erhebendes und Inspirierendes. (Verzeihen Sie mir die blumige Sprache, aber blanken Zynismus finde ich beängstigend. Ich will, dass *Sie* das bestmögliche Arbeitsleben haben. Ich bin bereit, dafür in den Ring zu gehen. Und Sie?)

WERTEKATALOG EINER PROFESSIONELLEN SERVICEFIRMA

1. ***Leiste exzellente Arbeit und sei weltweit für innovatorisches Potenzial bekannt.***

2. ***Binde interessante Leute ein – darunter auch einige ungewöhnliche oder schräge Typen.***

3. ***Lass keinen Stein auf dem anderen, stell permanent die eingefahrenen Methoden in Frage und ruhe dich niemals auf deinen Lorbeeren aus. (Die Lorbeeren von heute sind der Kompost von morgen.)***

4\. *Stell sicher, dass wer immer das Unternehmen freiwillig oder unfreiwillig verlässt, bezeugen kann, viel gelernt, Besonderes erlebt und schnell Freunde gefunden zu haben, solange er hier war. (An deinen Schülern soll man dich erkennen.)*

5\. *Schaffe ein kollegiales, unterstützendes, produktives, geistreiches und von Humor und gegenseitiger Hilfe geprägtes Klima, in dem Politik nur eine geringe Rolle spielt und ein menschliches (das heißt: unvollkommenes) Unternehmen entstehen kann.*

6\. *Sorge dafür, dass niemals ein Schatten von Zweifel auf unsere moralische Integrität fällt.*

7\. *Versehe alle »i's« mit Pünktchen und alle »t's« mit Querstrichen: Beantworte Telefonate umgehend, versende fehlerfreie Rechnungen und vergiss überhaupt niemals, dass Vollkommenheit im Detail beginnt.*

8\. *Arbeite mit interessanten Kunden (und anderen Partnern), die dich animieren und herausfordern, von denen du lernen kannst und mit denen du gerne zusammen bist. (Und die zudem ihre Rechnungen fristgerecht bezahlen.) Verzichte auf langweilige Kunden.*

9\. *Nimm entschieden mehr Geld ein, als du ausgibst. (Wobei die Ausgaben überdurchschnittliche Kompensationen und hohe Zukunftsinvestitionen umfassen.)*

10\. *Wachse durch kreative, hochwertige Dienstleistungen und die Anwerbung außergewöhnlicher Kunden – und nicht durch Wachsen um des Wachstums willen.*

Nachdem Sie nun die Liste gelesen haben, versuchen Sie Folgendes: Notieren Sie zu jedem Statement die Umkehrung. Wie klingt das!? (Das heißt: Sind Sie sicher, dass Sie diese zehn Eigenschaften nicht übernehmen wollen? Oder irgendwelche eng verwandten Versionen?) Eine andere Methode: Bewerten Sie Ihre Einheit nach jedem der genannten Merkmale, und zwar jeweils in den Kategorien »wünschenswert« und »wichtig«. Diskutieren Sie darüber!

T.D.L./Vision!

1. Hat Ihre Einheit/Abteilung ein Leitbild? Wenn nicht, warum nicht? (Erörtern Sie diesen Aspekt ausführlich. Er ist wichtig.) Wenn ja, sind diese Aussagen wirklich inspirierend? Beginnen Sie mit einer Diskussion über Leitbilder im Allgemeinen und ihren Wert … im Besonderen.

2. Sammeln Sie ein Dutzend Leitbilder und Visionen von vergleichbaren professionellen Servicefirmen.

3. Entwerfen Sie ein zukünftiges Leitbild. (Machen Sie eine Rohfassung!) Gehen Sie – **über Monate!** – ein Wort nach dem anderen durch. (Buchstäblich.)

4. Lassen Sie jeden ein persönliches Statement schreiben: Wofür steht *er/sie*? Im Leben? Bei der Arbeit? Verknüpfen Sie die Einzelstatements mit den Zielen Ihrer Einheit. (*Hinweis:* Harmonie schadet nicht.)

5. **Streben Sie nach Spitzenleistung!** Warum wollen Sie nicht zu »den Besten« gehören, … *warum eigentlich nicht?*

23a.

DAS ZIEL: ANDEREN HELFEN!

Eine beliebte Frage in Interviews mit professionellen Dienstleistern, schreibt David Maister in *True Professionalism*, »lautet: ›Warum tun Sie das, was Sie tun?‹ Sicherlich sind Dinge wie Geld, Sinn und intellektueller Austausch wichtig, aber ich horche immer auf, wenn ich höre: **›Ich helfe gern anderen Menschen.‹** Wenn diese Antwort ausbleibt, weiß ich, dass ich mit jemandem spreche, der in Schwierigkeiten ist.«

TOMS KOMMENTAR: **Hübsch!**

Der Kern

»PSF« – in der Buchhaltung ebenso wie im Personalwesen – ist **ein helfender Beruf.** Sie machen das Leben der Menschen einfacher … und vermindern ihr Leiden (gilt sicherlich auch dann, wenn keine Verletzung vorliegt). Sie lösen Probleme … und bringen Spaß, Komfort, Leichtigkeit und Spannung/WOW! in das Leben anderer. Wenn es Ihnen also kein Vergnügen bereitet, anderen zu helfen, dann suchen Sie sich eine andere Betätigung. Das ist mein Rat.

Ich schlage vor, dass wir Mr. Maister sehr ernst nehmen und … sofort … beginnen, unsere Praxis in Buchhaltung, Personalwesen etc. als helfenden Beruf neu zu gestalten.

Sprechen Sie darüber: Was es bedeutet. (Und was nicht.) Warum es Sinn macht. Etc. Ich bin ehrlich überzeugt, dass solch ein anhaltender Dialog Ihre Sichtweise, Ihre Wahrnehmung, Ihr Selbstvertrauen und die Leistung Ihrer Abteilung-alias-PSF verändern kann.

ZWEI OHREN, EIN MUND

Okay! Es ist abgedroschen! Na ja, das mit: »Warum gab Gott uns zwei Ohren und einen Mund?« Aber es trifft den Kern der Idee des helfenden Berufs. Kurz, die professionellen Dienstleistungsunternehmen bringen viele – fraglos legitime – Experten hervor, die sich ihre Karriere verbauen, indem sie sich in den Klang der eigenen Stimme verlieben.

Ich nahm kürzlich an der Verabschiedung von Jon Katzenbach teil, der 40 Jahre Berater bei McKinsey & Co. war. Er ist ohne Zweifel einer der effektivsten Leute, die die Firma je hervorgebracht hat. Die Übereinstimmung der Lobeshymnen war beeindruckend. (Beinahe schon unheimlich.) »Katz« war, wie einige anmerkten, wahrscheinlich nicht der scharfsinnigste Stratege, den McKinsey produziert hat. Aber alle seine höchst erlauchten Kollegen schwärmten … und schwärmten ohne Ende … von seiner Fähigkeit zuzuhören.

Als ich darüber nachdachte, wurde mir bewusst, dass ich im Anspornen von Kunden von zwei weiteren McKinsey-Allzeit-Champions beeinflusst worden war: meinem Mitautor von *Auf der Suche nach Spitzenleistungen* Bob Waterman, und dem ehemaligen Firmenobersten Lee Walton. Beide waren unendlich gescheit, aber was sie von ihren talentierten Kollegen unterschied, war, dass sie das 2:1-Ohr-Mund-Verhältnis durchschauten. (Tony Athos, ehemals Starprofessor an der Harvard Business School, hatte Walton angeblich versprochen, er würde ihm einen Doktortitel in klinischer Psychologie verleihen, wann immer er dies wünsche.)

Botschaft: Um aus dem »helfenden Beruf« Realität und kein Lippenbekenntnis werden zu lassen, müssen Sie sich das Ohr-zu-Mund-Verhältnis jeden Morgen aufs Neue bewusst machen!

T.D.L./Helfender Beruf

1. Beschäftigen Sie kooperative Leute!

Befördern Sie kooperative Leute!

Beschäftigen Sie keine unkooperativen Leute!

Befördern Sie um Himmels willen keine unkooperativen Leute!

»Das in der menschlichen Natur am tiefsten verwurzelte Prinzip«, schrieb der Psychologe William James, »ist die Sehnsucht nach Anerkennung.« Großartige Kundenbeziehungen sind – praktisch gesprochen – eine Frage »der Anerkennung«. Kunden, die nicht so schnell sind wie Sie, sind noch lange keine Dummköpfe. Es sind reale, häufig sehr gescheite Menschen, die im wirklichen Leben mit zähen Problemen und der realen Politik ringen. Diese veranlassen sie gelegentlich an Stellen innezuhalten, an denen Sie sich damit brüsten, »zur Sache zu gehen« ... ohne Rücksicht auf mögliche menschliche Folgeschäden.

2. SPRECHEN SIE/TRAINIEREN SIE/SEIEN SIE BESESSEN IN BEZUG AUF DEN ANSPRUCH HELFENDER BERUF. **Beginnen Sie damit, 15 (!) Merkmale einer helfenden PSF aufzuzählen.** Machen Sie den unablässigen Dialog über den helfenden Beruf transparent. (Zum Beispiel: Setzen Sie das Thema – explizit – auf die Tagesordnung jeder wöchentlichen Abteilungsbesprechung.) Lassen Sie Leute aus konventionell »helfenden Berufen«, die Sie bewundern – die Pflegeleiterin des örtlichen Krankenhauses etc. – zu Ihren Kollegen sprechen. Veranstalten Sie ein spezielles Trainingsprogramm zur Verfeinerung »unterstützender« Fähigkeiten. Ermuntern Sie Ihre Leute, in der Altenhilfe mitzumachen und Essen auszufahren. Lassen Sie Ihre PSF-Kollegen von der Erfahrung berichten.

IV. Mit den KUNDEN LEBEN!

24.

MACHEN SIE KUNDEN ZUM INTEGRALEN BESTANDTEIL JEDES PROJEKTTEAMS.

Leben Sie mit Ihren Kunden. (Lieben Sie Ihre Kunden.)

BETEILIGEN SIE KUNDEN IN FORM EINES SEHR INTENSIVEN/PERSÖNLICHEN PROBLEMLÖSUNGS-RITUALS/-PROCEDERES.

»PSF« ist ein Duett, keine Solodarbietung. Eine Idee, die dem einen instinktiv einleuchtet, ist dem anderen … ein Gräuel. Aber »kapieren« müssen es alle! Kurz:

DER KUNDE MUSS SICH NAHTLOS IN IHR »PROJEKT« EINFÜGEN – VON ANFANG BIS ENDE. UND DARÜBER HINAUS.

Sie wollen WOW! abliefern. Sie wollen Ihr Versprechen bezüglich echter Veränderung einlösen? Dann lassen Sie sich voll und ganz auf Ihren Kunden ein. Das ist manchmal schmerzlich. Das wissen Sie selbst am besten. Der Kunde hat keine Ahnung. Der Umgang mit ihm ist nicht immer einfach. Er ist flegelhaft und über die Maßen anspruchsvoll. Hart! Verführen Sie ihn/wickeln Sie den Kunden ein. ER LEBT – und wird leben, lange nachdem Sie zu Staub geworden sind.

Der Kern

Dies ist vielleicht der größte Unterschied zwischen einer Abteilung und einer PSF. Eine PSF – ganz gleich, wie stolz – wird dem Kunden **um den Bart streichen.**

»PSF« ist kein Soloabenteuer. Sondern eine gemeinsame Reise. (Lesen Sie beispielsweise Tracy Kidders *House* über das Menuett von Architekt/Baumeister und Kunde.)

Nicht, dass der Kunde unbedingt mehr drauf hat. (Manchmal ja, manchmal nein.) Aber er bezahlt Ihre Rechnungen. Und er ist Ihre Existenzberechtigung!

»Mit dem Kunden leben« – die Maxime der besten professionellen Servicefirmen – bedeutet eben genau das (ähnlich wie: »Wir leben für die Dauer dieses Projekts zusammen«). Es bedeutet, dass er …

vollgültiges Mitglied Ihres Teams

ist.

(Wenn der Kunde Ihnen dazu keine erstklassigen Vollzeitkräfte zur Verfügung stellt, dann verzichten Sie dankend auf das Projekt. Dieser Kunde meint es nicht ernst.) Es bedeutet, dass Sie den Großteil Ihrer Zeit – 80 Prozent? – auf dem Gelände des Kunden verbringen. Es bedeutet, dass Sie – intellektuell *und* emotional *und* körperlich – in einem echten Joint Venture sind. Einer Ehe.

»WIR«

Ich tat »es« gerade heute morgen. Hielt eine Rede. Zuvor hatte eine Sängerin gesungen. Sie war sehr gut. Ich war mit einem Kunden dort. Ich sagte instinktiv: »Ist sie eine von **uns** … oder ist sie eine Externe?« »Eine Externe«, lautete die prompte Antwort des Kunden. Dann war ich zwei Stunden Alleinunterhalter. Aber meine jahrzehntealte McKinsey-Indoktrination schien durch: *Während dieser kostbaren zwei Stunden ging ich völlig auf in der Identität des Kunden. Ich war mit diesem Kunden … mit Körper/Kopf/Seele … verheiratet.* Wir waren … wirklich … **WIR**.

Sicher, es macht sich »bezahlt«. Für mich. Aber ich empfinde es auch so!

ICH LEBE FÜR IHN (»UNS«) … WÄHREND ICH DIESEN VORTRAG HALTE. PUNKT. DAS IST NICHT GELOGEN. (UND ICH WERDE MICH BIS ZUM BITTEREN ENDE WEHREN, WENN EINER DAS GEGENTEIL BEHAUPTET.)

T.D.L./Leben mit Kunden/gemeinsame Identität!

1. Bestehen Sie … in »Projektverhandlungen« … darauf, dass der Kunde Ihnen Spitzentalente als Vollzeit-Teampartner zur Verfügung stellt. Nehmen Sie von dem Projekt Abstand, wenn diese Forderung nicht erfüllt wird – selbst, wenn Sie (noch) eine »Abteilung« sind. (Im Ernst.) Wenn er versucht, Sie mit zweitrangigen Leuten abzuspeisen, oder Ihnen die besseren Leute nur auf Teilzeitbasis anbietet, ist er nicht so engagiert, wie es für eine erfolgreiche Allianz unabdingbar ist.

2. Richten Sie ein formelles **PSF-Kunden-Beobachtungsgremium** ein, um gemeinsam den Projektfortgang zu verfolgen: So können Sie Probleme im Keim ersticken. Denken Sie daran: Der Schlüssel zu jeder erfolgreichen Ehe ist Austausch, … Verständigung … und Kommunikation.

3. Stellen Sie sicher, dass Ihre Teammitglieder (überwiegend) vor Ort sind. **(Punkt.)**

4. Als PSF-Chef: Machen Sie sich ein routinemäßiges (wöchentliches?) Telefongespräch mit Ihrem Gegenpart auf der Kundenseite zur Gewohnheit. **(Punkt.)**

5. Erwägen Sie, ein einfaches, aber überzeugendes Dokument im Sinn eines Joint-Venture-Leitfadens für die weitere Projektabwicklung zu formulieren.

24a.

MIT DEM KUNDEN UNTER EINEM DACH!

Leben Sie mit ihm – im wahrsten Sinn des Wortes!

Der Kern

Bill Caudill und seine Freunde mussten von ihren Berufskollegen viel Kritik einstecken. Aber am Ende erfanden sie die Tätigkeit des Architekten neu. Caudill, Gründer von Caudill, Rowlett, Scott (heute CRS Sirrine), und Wally Scott arbeiteten 1948 in Blackwell, Oklahoma, an ihrer ersten Schule. Sie unterbreiteten ihren Plan. Der Kunde lehnte ab. Das geschah noch einmal. Und ein drittes und viertes Mal. Das Geld wurde knapp. Was war zu tun?

Die Antwort: »Belagern!« Das heißt, Caudill sagte zu Scott: »Wally, wir werden unser letztes Hemd verlieren, wenn wir nicht rasch etwas unternehmen. Was hältst du davon, wenn wir mit den Entwürfen in dein Auto steigen [Caudills Auto war so alt, dass es die 525-Meilen-Reise nicht überstanden hätte], nach Blackwell fahren und wie Steinbecks Okinawesen den Laden so lange belagern, bis die verdammten Pläne genehmigt sind?« Und Caudill und Scott führten ihre Belagerung durch. Anfangs hielt man die Architekten für verrückt, aber schließlich gewann doch die Neugier die Oberhand: Die Mitglieder des örtlichen School Board erschienen, und jeder gab seinen Kommentar ab. Es dauerte nicht sehr lange, da war ihr Plan einstimmig angenommen.

Das Architekturestablishment verfolgte anfangs schockiert, wie ihre virtuose Leistung durch diese Art grobschlächtigen Kundenfangs »kompromittiert« wurde.

Aber Caudill fuhr einen Triumph nach dem anderen ein, und seine Ideen sind ... inzwischen – wenn nicht allgemein, so doch weitgehend – akzeptiert.

Moral(-lektion ... für Sie und mich):

Mit dem Kunden zu leben, kann sich – insoweit es ein echtes »Zusammenleben« ist – verdammt bezahlt machen.

Und dennoch beherzigen viel zu wenige professionelle Servicefirmen, ganz zu schweigen von Abteilungen, diese rigorose Disziplin.

T.D.L./Belagern Sie!

1. Also: **Belagern Sie!** Das heißt: Sie sollten von Anfang an Ihre kundenbezogene Projektarbeit von improvisierten und spartanischen Büros auf dem Gelände des Kunden aus durchführen. Verzichten Sie auf die normale Logik: Sie und Ihre Leute müssen schon einen verdammt guten Grund haben, um *nicht* »beim Kunden« zu sein.

2. Machen Sie es CRS Sirrine nach: **Entwickeln Sie eine Methode der intensiven, gemeinsamen Problemlösung mit dem Kunden.** (Siehe in *Jenseits der Hierarchien* meine ausführliche Beschreibung der »Methode« von CRS Sirrine.)

3. Nehmen Sie diesen Aspekt verdammt ernst!

24b.

MACHEN SIE AUS IHREN KUNDEN EXPERTEN!

Geben Sie Ihre Kenntnisse und Ihr Wissen offen und mit Bedacht weiter. Das Ziel ist klar (oder sollte es zumindest sein):

Wir wollen, dass der Kunde »unsere Ideen« – eigenständig – weiterverfolgt, wenn wir bereits von der Bühne abgetreten sind.

Also ist es absolut wichtig, Kenntnisse/Begeisterung/Wissen/WOW! zu übertragen. Deshalb ist es nicht unsere Sache, Dinge zu horten, sondern sie frei und offen weiterzugeben. Dazu gehört auch unsere »ureigene« Methode, Probleme anzugehen und zu verstehen. (DAS IST KEINE KLEINIGKEIT.)

P.S. (Ich wiederhole): Eine echte/dauerhafte Wissensübertragung kann nicht stattfinden ohne erstklassige Teammitglieder von Seiten des Kunden. Außerdem müssen die Teammitglieder des Kunden als »gleichwertige Spieler« behandelt werden. Gelegentlich haben PSF-»Experten« die Neigung, auf die »Unerfahrenen« herabzusehen. Vergessen Sie es! (**Und sanktionieren Sie es,** … wenn Sie es bemerken!)

Der Kern

Vor ein paar Jahren veränderte McKinsey & Co. seine Praxis. Sämtliche Problemlösungen sollten von nun an zusammen mit Kundenteams als gleichwertigen Partnern erarbeitet werden. Mein Mitautor des Buches *Auf der Suche nach Spitzenleistungen*, Bob Waterman, entwickelte auf dieser Grundlage eine wirkungsvolle Beratungspraxis: Der

Kunde bekam nicht nur die Lösung für ein bestimmtes Problem, sondern auch die erprobte McKinsey-Waterman-Problemanalysemethode mit auf den Weg.

Einen solchen Ansatz – **die Preisgabe der eigenen Kernmethode** – findet man selten. Das sollte aber nicht so sein. Wenn ich in der Personalabteilung an neuen Methoden arbeite, über das Internet Mitarbeiter einzustellen, dann ist es – jedenfalls sehe ich es so – mein klares Ziel, meine Kunden von dem Nutzen eines effektiven Einstellungsprozesses zu überzeugen. Ich will, dass der Kunde ein passionierter und kompetenter Verfechter internetgestützter Einstellungsverfahren ist, wenn ich die Szene verlasse. Ich will das Know-how, die Leidenschaft und die Technologie an ihn weitergeben! Ich will ihn zum eigenständigen Fanatiker machen, der die (wie ich hoffe, **WICHTIGE**) Fackel weiterträgt, wenn ich nicht mehr da bin.

Aber leider steht diese Philosophie im Widerspruch zur weit verbreiteten konventionellen Praxis, die besagt: »Halte an deinem Spezialwissen eisern fest.« Ich erachte das als moralische Bankrotterklärung. Meine Aufgabe als professioneller Dienstleister ist es, mit jedem Tag zu wachsen (auf lange Sicht gesehen, ganz erheblich zu wachsen.) Deshalb tue ich heute mein Bestes, um meine aktuellen »Geheimnisse« aus der Hand zu geben. Meine einzige strategische Defensive/Offensive besteht darin, mich gewaltig anzustrengen, um stets an der Spitze zu bleiben.

T.D.L./»Technologietransfer«!

1. Erhalten die Kunden in unserem Projektteam lediglich Informationen? Oder begreifen und verarbeiten sie unsere zentralen Methoden zur Problembehandlung?

(1a. Noch einmal: Siehe Kapitel 24. Kein Projekt ohne erstklassige Kundenpartner im Team. **Vollzeit.** Punkt!)

2. Legen Sie Wert darauf, in den Räumen des Kunden zu arbeiten. Aber/und legen Sie auch Wert darauf, dass der Kunde Sie in Ihren Räumlichkeiten aufsucht.

3. Erwägen Sie, ein Teammitglied des Kunden nach Ende des Projekts an einem weiteren Projekt mitarbeiten zu lassen, um seine Kompetenz bezüglich Ihrer Methode zu festigen.

24c.

ERHÖHEN SIE NACH UND NACH DIE »RISIKOBEREITSCHAFT« DES KUNDEN.

Sie wollen, dass der Kunde »aufs Ganze« geht. Richtig? Gut. Hierfür gilt ein glasklarer Zusammenhang: Wenn Sie von Ihrem Kunden erwarten, dass er sich vorwagt … morgen, dann sollten Sie ihn besser von Anfang an voll am »Prozess« beteiligen.

Das heißt, ein echtes Joint Venture ist ein »Wagnis«/eine gemeinsame Reise. Wir lernen einander kennen, einander *vertrauen* – und dann (und nur dann!) können wir daran denken, gemeinsam von der WOW!-Klippe zu springen.

Wir sind im Joint-Venture-Geschäft. Punkt.

Der Kern

Es ist klar (oder sollte es sein): Wir wollen WOW! Was bedeutet, dass wir vom Kunden wollen, dass er mit uns am Bungeeseil in die Tiefe springt. – Viel leichter gesagt als getan.

Vorrangiges Problem bei fast allen Projekten in der Abteilung Informationssysteme, Personalwesen, was auch immer: Der Kunde scheut vor dem ihm präsentierten Veränderungsplan zurück. Zu viel (zu radikal/zu verrückt) und zu früh.

Antwort: Es gibt nur eine.

Wir und die Kunden müssen uns in ein Abenteuer begeben, das auf gegenseitigem Vertrauen und Verständnis basiert.

Und da wir – WOW! anstrebende PSF-Vertreter – die Reiseleiter sind, müssen wir die Kunden bei der Hand nehmen (insbesondere am Anfang) und ihnen über die Nervosität vor dem Sprung hinweghelfen. Wir müssen beweisen, dass wir als erfahrene, fähige und passionierte Führer um ihr Wohlbefinden bemüht sind. Wenn wir dann die Kante der Klippe erreichen, werden sie in gutem Glauben bereit sein, zu springen.

In ihrer Blütezeit gelang es Chiat/Day, einige ziemlich träge Kunden auf die Klippe zu bringen. Ihr Geheimnis: Stell die normale Werbeagenturpraxis auf den Kopf. Chiat/Day »verbargen« nicht bis kurz vor Projektende ihre kreativen Leute vor den Kunden, um dann eine »coole« Überraschung zu landen. Sie brachten die Kunden *und* die Kreativen vom ersten Tag an zusammen, und beide trainierten zusammen, während sie sich immer weiter … und weiter … aus der Zone der bequemen Lösungen hinausbewegten.

Ich denke, dies ist ein weiteres, wenn auch differenziertes, Argument für echte Gemeinsamkeit. Wenn Sie wollen, dass der Kunde dort hingeht, wo sich noch keiner hingetraut hat, dann müssen Sie den Grundstein dafür mit ihm … **gemeinsam** … legen.

Ich kann nicht viel tun außer mahnen:

Wir werden mit unserer PSF Schiffbruch erleiden, wenn wir den Kunden nicht dazu bringen, dass er springt.

(Mit uns.) Deshalb ist kaum etwas so wichtig wie die Einbeziehung des Kunden in unser Abenteuer auf der Suche nach dem mutigen ersten Schritt. Richtig?

T.D.L./Gemeinsames Bungeejumping!

1. Bringen Sie **die Idee von dem mutigen Abenteuer** … und dem Risiko … bereits zu Beginn des Prozesses, während der ersten Projektformulierung und -verhandlung ein. (Erwägen Sie, diese oder ähnlich »heiße« Worte zu verwenden.) Sprechen Sie über die Bedingungen des Abenteuers … und der wechselseitigen Erkundung … und des gemeinsamen Vermächtnisses von WOW!, das Sie zusammen mit Ihren Kunden zu erreichen hoffen.

2. Lassen Sie »Unschärfen« zu. Tun Sie nicht so, als hätten Sie alle Antworten parat. Stellen Sie klar (**ist es das tatsächlich?**), dass keine vorgefertigten Antworten existieren, dass Sie wirklich planen, Neuland zu erkunden. (Als PSF-Chef: Stellen Sie sicher, dass Ihre Mannschaft mitmacht. Wenn sie die »Schlauen« spielen, funktioniert es nicht! **Beide** müssen das Abenteuer wagen … und beide ihre berufliche Reputation aufs Spiel setzen.)

3. Wenn Sie auch den konkreten Weg offen lassen müssen, so lassen Sie jedoch keinen Zweifel an **der Methode.** (Siehe Kapitel 33): Sie kennen vielleicht nicht den Endpunkt der Reise, aber Sie haben ein (bewährtes) Fortbewegungsmittel. Und lassen Sie außerdem keinen Zweifel an Ihrer Leidenschaft. Geben Sie dem Kunden die Gewissheit, dass sie echt ist, auf fester Überzeugung beruht und auch nicht nachlässt, wenn der Weg steinig wird (was mit Sicherheit eintritt).

25.

BESTEHEN SIE AM ENDE JEDES PROJEKTS AUF EINER FORMELLEN BEWERTUNG ALLER BETEILIGTEN DURCH IHRE KUNDEN.

Wenn die Zeit für die Entscheidungen über Beförderungen gekommen ist, befragen Sie wichtige Kunden nach der langfristigen Leistung Ihrer Mitarbeiter. Bitten Sie den Kunden zudem, die Qualität der Arbeit ihrer eigenen Beschäftigten im gemeinsamen Projekt zu bewerten; das verleiht der Mitgliedschaft im Projektteam eine belebende Portion Realität (und verhindert, dass daraus eine Art »Urlaub« wird).

Der Kern

Kaufleute kennen das. Sie werden ständig von ihren Kunden bewertet: Sie machen das Geschäft, oder … sie machen es nicht.

Das leuchtet mir ein und trifft auf mich zu. Und auf uns alle. Sie laden mich ein, zu Ihrer Gruppe zu sprechen.

Aber werden Sie mich wieder einladen?

Ich will unabhängig sein, launisch, provozierend, *und* ich will … wieder eingeladen werden.

All dies stellt den etwas langatmigen Versuch dar, Sie als PSFlerin zu veranlassen, Ihre Teammitglieder (und Ihre Person!) während, nach und lange nach einem Projekt formell durch den Kunden bewerten zu lassen. Was für Kaufleute und Tom Peters, den Redner, gilt, sollte auch für Mary Jenkins, die Sachbearbeiterin in der Buchhaltung, gelten, die an einem Systemprojekt für einen internen Kunden im Einkauf arbeitet.

(Es wäre wunderbar, wenn Sie Ihr PSF-Pendant in der Einkaufsabteilung/Einkaufs-AG dazu überreden könnten, die Leistung seiner Mitglieder im Projektteam bewerten zu lassen. Schließlich wird die Durchführung cooler, gemeinsamer Projekte *der* Name *des* Spiels sein ... für *alle* Beteiligten. Und was für die Gans gut ist ...)

T.D.L./Kundenbezogene Bewertung

1. Berücksichtigen Sie innerhalb des formellen Projektrahmens Strukturen, die es dem Kunden erlauben, Ihre Teammitglieder zu bewerten. (Und umgekehrt, wenn Sie das wünschen.) Beziehen Sie diesen Aspekt in die anfänglichen Projektverhandlungen mit ein.

2. Entwickeln Sie mit dem Kunden – *und* mit den Teammitgliedern – den Rahmen und die Parameter für die Bewertung. Diskutieren Sie offen darüber! (Und ausführlich.) Dies stellt keine geheime Beurteilung dar. Alle sollen wissen, dass sie bewertet werden ... und nach welchen Maßstäben.

3. Machen Sie die Kundenbewertung der Projektmanager etwa ein Jahr nach Beendigung des Projekts zum Ausgangspunkt für Ihre Entscheidung über Beförderungen. (Zum Beispiel: Hat das Projekt von Bob Smith »eingeschlagen«, ... dauerhafte Wirkung gezeigt?)

25a.

SEIEN SIE SICH STETS IHRER EXTERNEN AUSRICHTUNG BEWUSST.

Bleiben Sie unabhängig.

Der Kern

In *True Professionalism* erzählt der Autor und PSF-Guru David Maister folgende Geschichte über sich selbst:

> ***Ich werde niemals den besten Karrieretipp vergessen, den ich je erhalten habe. Ich war ein junger Assistenzprofessor an der Harvard Business School, der zu ergründen suchte, was er tun musste, um eine feste Anstellung zu bekommen (das heißt »Partner« zu werden). Ich ging zu einem der Würdenträger der Schule, um herauszufinden, was von mir erwartet wurde.***
>
> ***»Sie fragen die falsche Frage, David«, sagte er. »Die Regel hier ist ganz einfach. Wenn der Rest der Welt Sie will, dann wollen wir Sie wahrscheinlich auch. Wenn der Rest der Welt Sie nicht will, wollen wir Sie wahrscheinlich auch nicht. Bemühen Sie sich, in dem, was Sie tun wollen, der Beste zu sein.«***

Die Idee, die ich daraus ziehe: Mein Job – als PSF-Chef – ist es, sicherzustellen, dass jeder meiner Mitarbeiter sich als unabhängiger Akteur begreift, dessen Darbietung am Ende – fast ausschließlich – von der Außenwelt beurteilt wird.

Das heißt, er oder sie hat die Aufgabe, die Leistung zu erbringen, etwas zu bewirken … für den Kunden … Punkt.

Maister zitiert sodann den Juristen Fred Bartlit zu der Frage, warum das Berufsleben des professionellen Dienstleisters das interessanteste von allen ist:

> ***Professionelle Dienstleister sind interessante, gescheite Menschen, mit denen man gern seine Zeit verbringt. Die Probleme, mit denen wir uns beschäftigen, sind faszinierend und wechseln fast jeden Tag. Wir bekommen Einblick in viele verschiedene Gewerbe. Wir haben mit vielen verschiedenen Kunden zu tun. Wir sind nicht dazu verdammt, zehn Jahre unter demselben Boss zu leben. Weil wir mit Ideen handeln, kann ein Einzelner etwas bewirken. Wir beschäftigen uns mit nichtalltäglichen Fragen. Als professionelle Dienstleister haben wir keine »Chefs«. Wir arbeiten für uns selbst und müssen nur uns selbst zufrieden stellen. Wir haben viel persönliche Freiheit. Wir müssen nicht jeden Tag zu einer bestimmten Zeit an einem bestimmten Ort sein … Die professionellen Dienstleistungsberufe sind insofern eine wunderbare Art der Beschäftigung. Wir arbeiten in kleinen Gruppen hoch motivierter, interessanter Leute, die sich mit stets wechselnden, komplexen Fragen beschäftigen, bei denen es um viel geht.*** *Was könnte besser sein?*

Große Worte. Große Bedeutung.

Aber das ist der ganze Punkt. Und es ist die wunderbare/veredelnde/befreiende Botschaft von »PSF« in Bestform!

T.D.L./Die große Welt wird Sie und Ihr Streben beurteilen!

1. Für PSF-Chefs: Machen Sie – mit Ihrer Körpersprache und Ihren formellen Ansätzen – klar, dass die Beurteilung durch die externe Welt vollzogen wird. Die Welt des Kunden. Die Welt der gezeigten Leistung. Die Welt der Arbeit selbst.

2. Diskutieren Sie die oben verwendeten Begriffe. Haben sie Bedeutung/Relevanz für Sie? Ihr Team? Arbeiten Sie die persönliche/berufliche Relevanz dieses Punktes gegebenenfalls mit einem externen Ratgeber auf. Ist es »zu viel«? Wenn ja, … warum? Wenn es dem Ton nach Ihr kollektives Bewusstsein trifft, was tun Sie als Nächstes?

26.

KUNDENORIENTIERUNG = PSF-IMPERATIV.

Punkt. Aber verlieren Sie nicht Ihre unabhängige Stimme. Seien Sie kundenorientiert. Und: Bleiben Sie autonom. Lassen Sie sich vom Kunden nicht davon abbringen, an dem zu arbeiten, was Sie fabelhaft und einzigartig macht. Denken Sie stets an … die Wirkung!

Pflegen Sie dieses unüberwindliche Spannungsverhältnis!

Der Kern

Ich habe es in der ersten Stunde bei McKinsey & Co. gelernt: Du lebst für deine Kunden! Dann, in der Stunde drei, traf ich meinen großartigen Mentor und Partner Allen Puckett. Er brachte mir bei: *Befördere* den Kunden aus der Zone der bequemen Lösungen in dein ruheloses Abenteuer auf der Suche nach dauerhafter Wirkung. Beides gleichzeitig funktioniert nicht.

Kundenorientiert? **Ja und amen!** Ich krieche bis heute auf Knien vor diesem Altar. (Ich knie gelegentlich vor einem Kunden – buchstäblich – nieder.) Aber mein anderer Altar ist provokative Arbeit. Und der Konflikt zwischen beiden **ist** real. Wenn Sie so verdammt provozierend sind, dass nichts zu Stande kommt, nun … dann … sind Sie egozentrisch. **Und manchmal ist das begründet.**) Wenn Sie hingegen so kundenorientiert sind (das heißt auf den Abschluss des nächsten Vertrags mit dem Kunden aus sind), dass Sie Ihre Unabhängigkeit opfern und auf Nummer sicher spielen – ich habe das hundertmal beobachtet –, dann sind Sie in meinen Augen ein **Scharlatan.** Und dies *ist* mein Buch.)

T.D.L./Das unvermeidliche Spannungsverhältnis anerkennen!

1. Als PSF-Chef: *Jede* Woche. *Jedes* Projekt. – Stellen Sie dieselbe Frage: Was ist das V-e-r-m-ä-c-h-t-n-i-s? Ist es WOW!? Wird es eine Veränderung bewirken? Provoziert es? Lohnt es?

Und: *Jede* Woche. *Jedes* Projekt. – Hören wir dem Kunden zu? Beteiligen wir den Kunden? Machen wir ihn zum Miterfinder? Übertragen wir Kenntnisse und Enthusiasmus auf den Kunden?

Folgen Sie bewusst beiden Richtungen. **Gezielt.**

2. Sprechen Sie mit Ihren PSF-Kollegen über dieses Spannungsverhältnis. Das ist der Kern der überlegenen professionellen Servicefirma. Bitte: Kehren Sie diese Frage nicht unter den Teppich.

3. Integrieren Sie beide »Seiten« dieses Spannungsfelds in die Kriterien und Bewertungsgrundlagen der formellen Mitarbeiterbeurteilung.

4. Sprechen Sie über dieses Spannungsverhältnis – schon während des Verhandlungsprozesses – mit dem Kunden selbst.

Sprechen Sie auch während der weiteren Zusammenarbeit mit dem Kunden über diese Frage. Machen Sie dabei klar: Sie wollen, dass er Ihr gleichberechtigter Partner ist. *Und*: Sie wollen, dass Sie beide kämpfen, um schließlich ein tolles Projekt zu definieren, auf das Sie noch in **zehn** Jahren stolz sein werden.

27.

ARBEITEN SIE MIT AUSSERGEWÖHNLICHEN EXTERNEN ZUSAMMEN. E-R-W-E-I-T-E-R-N SIE IHREN HORIZONT.

Berater brauchen Berater!

Klingt wie ein schlechter Witz. Ist es nicht.

Die besten PSFler, mit denen ich gearbeitet habe, haben hervorragende »persönliche Universitäten«, wie ich sie nenne. Das heißt, sie haben sich bewusst eine Sammlung cooler/außergewöhnlicher Kontakte zugelegt, von denen sie zehren. Sie erweitern diese Sammlung regelmäßig ... und nutzen dann die Dienste ihrer versierten und exponierten Freunde, um ihrer Projektarbeit Flügel zu verleihen.

In unseren verrückten Zeiten gehört es zu der schlimmsten Sorte von Einbildung zu glauben, Sie hätten alle erforderlichen Ressourcen, Kenntnisse und das nötige Knowhow bereits komplett zu Hause parat.

Der Kern

Alle Experten brauchen Experten!

Auch diese Einsicht stammt von meinem Mentor von McKinsey & Co., Allen Puckett. Allen erweiterte jedes Projekt, an dem wir arbeiteten, um seltsame Typen von hier und dort: Harvey Wagner, Guru und Professor für Entscheidungswissenschaften; David Montgomery, Genie und Professor für quantitatives Marketing; Gerald Hillman, unorthodoxer Ökonom.

Allen ist vielleicht der gescheiteste Mensch, dem ich je begegnet bin. Und … sicherlich … **der neugierigste.** Er war entschlossen, die Perspektive jeder Aufgabe, mit der er es zu tun hatte – dramatisch – zu erweitern. Und das taten wir, indem wir sein Freak-Register zu Rate zogen. (Mein Ausdruck … nicht seiner. Obwohl er zugestimmt hätte.)

Ich habe nicht nur auf bescheidene Weise versucht, in seine Fußstapfen zu treten, sondern beobachtet, dass diese Vorgehensweise für die Besten in *jeder* professionellen Servicefirma (oder überhaupt in *jeder* Zunft) typisch ist. Die Besten sind entschlossen, ihrer Arbeit eine geistreiche/überraschende/originelle Perspektive zu verleihen. Und der einzige Weg, das zu erreichen, besteht (meiner Überzeugung nach) darin, Freaks zu »sammeln«! Und sie einzusetzen!

Worauf Sie sagen: »Ich bin kein Partner von McKinsey & Co., einem weltweit operierenden Unternehmen.« Worauf ich sage: Unsinn!

Sie besuchen am Wochenende ein Restaurant. Zum ersten Mal. Der Service ist brillant. Am Montag (oder gleich an Ort und Stelle) melden Sie sich bei der Geschäftsführerin und fragen sie, ob *Sie sie* zum Mittagessen einladen … und sich mit ihr beratschlagen können. Sie tun genau das. Sie fügen sie Ihrem Adressbuch hinzu. Und wenn Sie das nächste Mal am Thema Service arbeiten, rufen Sie sie an (oder bezahlen ihr ein Beraterhonorar für ein paar Tage), damit sie Ihnen, Ihrem Team und Ihren Kunden hilft.

Okay?

Auf diese Weise macht der Sammler cooler Typen/Freaks einen Anfang! Einstellung und Wille sind allemal wichtiger als irgendeine Position in der Hackordnung.

T.D.L./Freaks auf Abruf!

1. Sie arbeiten an einem Projekt. Vielleicht stecken Sie irgendwo fest. Durchforsten Sie Ihr Gedächtnis:

Wem sind Sie im letzten Jahr auf einer Konferenz begegnet, der eine originelle/neue Perspektive beisteuern könnte?

Trauen Sie sich. Nutzen Sie die Gelegenheit. Rufen Sie sie/ihn an, und ... fragen Sie, ob Sie ihr/ihm das Problem unterbreiten ... oder darüber »chatten« können.

2. Sie planen die Teilnahme an einer Konferenz zum Thema Personalwesen/Informationssysteme/was auch immer in zwei Wochen. Sie gehen zu einer vorbereitenden Veranstaltung. Der Redner vertritt eine wirklich interessante These. Bitten Sie ihn zumindest um seine E-Mail-Adresse. Besser noch: Fragen Sie ihn, ob Sie ihm am Abend einen Drink spendieren können.

Lassen Sie niemals eine Konferenz verstreichen, ohne Ihre Sammlung cooler Typen um ein halbes Dutzend (einige würden sagen 25! – kein Scherz!) Freaks zu erweitern.

3. Wenden Sie diese Idee auf Ihre alltäglichen Erfahrungen an: zum Beispiel besagtes coole Restaurant.

4. »Verwenden« Sie solche (»coolen«) Leute regelmäßig in **allen** Ihren Projekten. (Und seien sie selbstverständlich bereit, sie in ähnlicher Form zu unterstützen. Es gelten die Regeln der Gegenseitigkeit!)

V. Die Kultur der Dringlichkeit!

28.

ERZEUGEN SIE EINE ATMOSPHÄRE DER »DRINGLICHKEIT«/»SPANNUNG«/ »LEBENDIGKEIT«/»BEGEISTERUNG«.

Der Kunde fordert uns heraus. Wir reagieren darauf, indem wir ein WOW!-Projekt entwerfen. Gut! Aber das reicht nicht. Das heißt, die besten PSFs arbeiten eifrig und bewusst daran, ein pulsierendes Umfeld zu erzeugen. Diese Superstars wissen, dass Energie und Schwung sich selbst verstärken. Sie wissen, dass die Menschen Besseres leisten, wenn sie in einem lebendigen Umfeld arbeiten.

Der Kern

Bei IDEO Design & Product Development in Palo Alto geht es hoch her ... mit einem Geschnatter wie in einem Kindergarten. Es ist bei IDEO normal, dass alle ihre Arbeit unterbrechen, um an einem »Brainstorming« teilzunehmen, bei dem sich alle – auch Kunden – zu einer Blitzbesprechung zusammenfinden, um ein Problem zu knacken.

Tatsache ist, ich habe über die letzten 20 Jahre Hunderte von Unternehmen besucht. Aber ich war nur an vier Orten, wo ich mir sagte: »He, hier könntest du arbeiten.« Das waren: **IDEO; Imagination**, die britische Marketing-Servicefirma; **CNN** und **Bloomberg**, der Nachrichtendienst für die Finanzwelt. Alle vier sind PSFs. Alle vier gedeihen/leben/sterben von WOW!-Projekten. Und in allen vier knistert es vor Spannung. **Sie »schwingen«.**

Und: Sie tun das ... vorsätzlich.

Alle vier haben einen hohen Anteil an jungen/jugendlichen und ehrgeizigen (im besten Sinn des Wortes) Mitarbeitern. Alle vier lassen ihre Neuzugänge wissen:

»Es liegt an dir, deinen Weg zu gehen.«

Alle vier stellen klar, dass »es keine ›Regeln‹ gibt, die einer fantasievollen intelligenten Darbietung im Wege stehen.« Alle vier lassen keinen Zweifel daran, dass sie schnellstmöglich (sehr coole) Dinge auf die Beine stellen wollen.

Lässt sich all dies in Ihrer erst seit kurzem befreiten »Einkaufs AG« leicht bewerkstelligen? Nein. **(Hölle, nein.)** Lohnt sich die Mühe eines Versuchs? »Absolut«, lautet meine klare Antwort. Selbst wenn Sie nicht die Ebene der oben erwähnten Superstars erreichen, bringt Sie der Versuch weiter; und in diesem Fall ist ein halbes oder Viertelergebnis weit besser als gar keines.

Großartige PSFs – ich liebe sie! – sind coole Orte.

(Dieses Buch ist der Erzeugung cooler Orte gewidmet, an denen … die einzige Beschränkung in Ihrer Fantasie und Energie besteht, sowie … der Ent-Dilbertisierung der Büroarbeitsplätze.)

Wie können Sie das CNN-IDEO-Imagination-Bloomberg-Wunder bewerkstelligen?

Hier ein paar Ideen:

1. Als PSF-Chef, müssen Sie sich zunächst *selbst* überzeugen, dass Personalwesen, Finanzen etc. ein **tolles Abenteuer** sind, das Ihr äußerstes emotionales Engagement wert ist – und das Ihrer Kollegen.

2. Sie müssen aus jedem Projekt das letzte bisschen WOW! herausholen und es in ein Abenteuer verwandeln.

3. Sie müssen eine »coole« Wirkungsstätte schaffen, die wirklich **… vor Spannung knistert.** (Das beginnt mit

Ihnen persönlich ... Ms./Mr. PSF.) Das erfordert ein Augenmerk auf Design, Farben, Anordnung, Möbel etc. Es verlangt eine neue Kultur, die die Dinge sowohl symbolisch als auch buchstäblich auflockert – Dinge wie ... die »spontanen Brainstormings« bei IDEO ... oder ungezwungene *all*tägliche Umgangsformen ... oder Erkundungsbesuche bei anderen PSFs zwecks Inspiration – und Ideen für die Erzeugung eines lebendigen Umfelds »borgt«.

Sie waren an tollen Orten, richtig? Restaurants? Theatervorführungen? Konferenzen? Was – sehr konkret – hat diese Orte ausgemacht? Ein tolles Restaurant und eine tolle Personalabteilung sind ein und dasselbe ... wie ich es sehe. Denken Sie darüber nach.

TOLLE PSFs BEDEUTET HEISSE TEAMS!

Wenn ich Lektüre zu diesem Thema – »coole« PSFs – suche, finde ich nicht viel. Und das ist eine Untertreibung. Aber kürzlich erschien eine wunderbare Ausnahme. Es ist ein Buch mit dem Titel *Hot Groups*, verfasst von den Professoren und Futuristen Jean Lipman-Blumen und Hal Leavitt. Das Tempo, mit dem die Welt sich dreht, sagen sie, führt dazu, dass immer mehr Arbeit von energiegeladenen Teams geleistet wird, die nur kurze Zeit existieren. Die Haupteigenschaften dieser Teams: Sie ...

* sind besessen von ihrer Aufgabe!
* sind leidenschaftlich!
* veredeln die Arbeit selbst.
* sind das *Gegenteil* von »autonomen Teams« und »Arbeitsgruppen« (sie werden gegründet, um »heiße Arbeit« zu tun, ... nicht, um die üblichen Aufgaben im Rahmen der Teamarbeit zu verrichten).
* sind von kurzer/kürzerer Lebensdauer.

* denken wie Kinder (brillant naiv).
* machen sich Feinde (wie alle überzeugten Veränderungsprotagonisten).
* sind versessen, manchmal geheimnistuerisch, pflegen ihre Außenseiterrolle.
* arbeiten aus dem Stegreif (schaffen das, was ich schnelle Prototypen nenne).
* rekrutieren coole Leute!
* sehen in dem Wort »Verkaufen« nichts Anrüchiges! (Das Leben in Projekten besteht aus … Verkauf. Ebenso wie das in gesellschaftlichen Aktionsgruppen.)
* sind voller Jugendlichkeit. Ermuntern den Einzelnen, »er selbst« zu sein.
* wachsen im lockeren, reichhaltigen Humusboden von Organisationen.
* können zum Eckstein einer umfassenden Organisationsstrategie werden, wenn die Spitzenmanager innerhalb solcher Gruppen entsprechend »säen, düngen und Unkraut jäten«.

Die »heißen Teams« von Lipman-Blumen und Leavitt sind so nahe an meiner **spannenden-coolen-tollen PSF**, wie es nur geht. Hurra! Ich bin hier in guter Gesellschaft!

T.D.L./»Heiße Teams«/coole PSF

1. Erster Schritt: Denken Sie über diesen Punkt nach. Nehmen Sie ihn ernst! Sprechen Sie mit zwei oder drei Ihrer Kollegen: Wie würde eine »coole Personalabteilung« aussehen? Sich anfühlen? Riechen? Notieren Sie zehn **(oder besser noch … kein Scherz … 50)** Eigenschaften einer **Personal-AG als toller Wirkungsstätte.** Erwägen

Sie einen »Strategieplan« für die zehn wichtigsten dieser 50 Eigenschaften.

2. Der nächste Schritt besteht darin, einen Schritt zurückzutreten: Was würde uns »richtig stolz auf diesen Ort machen«? Machen Sie eine Liste mit zehn – nicht mehr **und nicht weniger** – Eigenschaften einer zukunftsweisenden Abteilung Informationssysteme (Informationssysteme AG!). Verwenden Sie darauf ausreichend Zeit.

3. Besuchen Sie einige »coole« professionelle Servicefirmen (beispielsweise die »heißeste« Werbeagentur oder Softwarefabrik der Gegend). Sprechen Sie mit den dortigen Führungskräften. Bitten Sie sie um einen Besuch und um einen Vortrag vor Ihrem Team.

4. PSF-Vertreter mit Anspruch auf WOW!-Qualität leisten WOW!-Arbeit für WOW!-Kunden. Sprechen Sie mit Ihren Kunden darüber.

Fragen Sie sie:

Wie würden wir »aussehen«, wenn wir über die Maßen cool wären? Wie können wir das gegenwärtige Projekt »cooler« machen? Wiederholen Sie möglicherweise zusammen mit den Kunden die Übung zur Erstellung einer formellen Kriterienliste.

Großartige PSFs geben eine erstklassige Vorstellung!

29.

»HEISSE« TEAMS BRAUCHEN ENTSPRECHENDE WIRKUNGSSTÄTTEN.

Ich liebe den Begriff »Studio« wegen all der Vorstellungen, die er heraufbeschwört: Ein Ort – aller Wahrscheinlichkeit nach höchst individuell –, der einem spezifischen kreativen Unterfangen gewidmet ist. Ich empfehle Ihnen, aus den Arbeitsräumen Ihrer Abteilung ein Design-Studio zu machen. (Für die Gestaltung und Ausführung von WOW!-Projekten.)

Projektteams sollten eine Wirkungsstätte – einen Treffpunkt – haben, wo sie sich entwickeln und arbeiten können. Raum ist für gewöhnlich rar und kostbar, aber solche speziellen Standorte sollten groß genug sein, um auch Teammitglieder der Kunden aufzunehmen. Und sie sollten von den Teams selbst gestaltet/eingerichtet/geschaffen werden (das allein ist eine großartige identitätsbildende Übung).

Der Kern

Ja, ich liebe den Begriff ... **»Studio«.** Er erinnert an Picasso, Pavarotti, Frank Lloyd Wright, den großartigen Industriedesigner Henry Dreyfuss. Ein Studio ist eine Umgebung, in der »wirklich coole« Arbeit getan wird. Ein Studio ist nicht nur ein Raum; es ist ein »atmosphärischer« Ort, der die Arbeit befördert und die Schaffenden stimuliert und inspiriert, der einen sicheren Zufluchtsort bietet, an dem die Musen gedeihen (und Wunden geleckt werden) können. Das Studio ist tatsächlich ein wesentlicher Bestandteil des PSF-Prozesses! **Meine Meinung: Raum ist wichtig! Sehr!** (Und viel wichtiger, als die meisten von uns denken.)

Wenn wir ungewöhnliche Dinge leisten wollen, brauchen wir ungewöhnliche Räume. Tatsache: Die meisten Chefs, selbst PSF-Bosse, schenken diesem Aspekt viel zu wenig Beachtung. Wenn ein »Ort« pulsiert, dann erhöht sich – erheblich! – die Wahrscheinlichkeit, dass wir, Sie und ich, die ihn bewohnen, ebenfalls »pulsieren« werden.

Also: Ich bitte Sie, über dieses Thema »nachzudenken«. Falls ein Raum öde und langweilig ist, werden dies auch die Projekte sein, die darin entstehen. Wenn er heiß/cool/fantastisch ist … nun, dann erhöht sich die Wahrscheinlichkeit (gewaltig), dass die darin produzierten Projekte … heiß/cool/fantastisch sein werden.

T.D.L./»Heiße Räume«

1. Was denken Sie also? Können Räume zündende Ideen hervorbringen? Machen Sie sich Gedanken darüber. Sprechen Sie darüber. Tun Sie etwas in dieser Richtung.

2. Unterziehen Sie Ihre Arbeitsstätte einer harten Prüfung. (Jetzt sofort.) Verbreitet sie eine heiße/coole/fantastische Atmosphäre? Oder nicht?

3. Ziehen Sie den Vergleich zu anderen »tollen Plätzen«: Restaurants, Theater, Architektenbüros. Kaufen Sie das eine oder andere Buch. Fangen Sie an, zu lesen … und zu lernen. Laden Sie Spezialisten ein. Studieren Sie ungewöhnliche Wirkungsstätten heißer Teams. Dies ist wichtig: ES IST EIN STUDIUM WERT.

4. Was können Sie *tun*, um … in den nächsten 48 **Stunden** … eine Raum-ist-wichtig-Initiative zu starten? Besprechen Sie sich mit Ihrer Clique: »Wie können wir die Arbeitsstätte/den Raum ›heißer‹ machen, so dass er unsere ›heißen‹ Ziele widerspiegelt?« (Machen Sie eine Liste mit mindestens **25** Einträgen.)

30.

FEIERN SIE … *JEDEN* ERFOLG!

PSF-Arbeit erfordert vollen Einsatz. Deshalb ist es stets wichtig, die Moral hochzuhalten. (Gewiss, die Dinge sind aufregend, aber … auch emotional und körperlich beanspruchend.) Eines der besten »Mittel« der Motivation: regelmäßige, kleine spontane Feiern zu Ehren einer genommenen Hürde, eines eingereichten Entwurfs oder eines gewonnenen Auftrags.

Der Kern

Die »PSF-Welt« hat stark mit … **Emotionen** … zu tun.

Wir sind engagiert! Die Arbeit (das Projekt) ist wichtig! Wir setzen uns ganz und gar ein – körperlich, emotional, intellektuell, seelisch!

Wenn »all das« wahr ist, erleben wir Täler (viele) und Höhen (viele … hoffentlich). Und wir brauchen/wünschen (Menschen, die wir sind) die regelmäßige Bestätigung, dass das, was wir tun, geschätzt wird und wichtig ist. Feierlichkeiten sind außerdem eine wunderbare Gelegenheit, um Kontakte zu knüpfen; sie bringen Menschen zusammen, fördern Leichtigkeit … und Spontaneität … und Witz.

Mein (wichtigeres) Anliegen: Wir müssen die Höhen und Tiefen berücksichtigen, die den natürlichen Rhythmus der PSF-Arbeit bilden. Wir müssen diejenigen aufbauen, auf die es gerade hereinbricht – ein unerwartet früher Abgabetermin … oder der Fehlschlag eines Prototyps. Wir müssen Vorwände suchen (die kleinsten Erfolge!), um zu feiern und guter Dinge zu sein.

Sie sind anspruchsvoll! (Gut.) (Dies sind anspruchsvolle Zeiten; das ist der Grundgedanke dieser Buchreihe.) Machen Sie daher Ausgelassenheit – und Fröhlichkeit! – ebenso zum Eckpfeiler Ihrer Führungspraxis wie Kritik.

Arbeiten Sie daran. Bewusst. Ununterbrochen.

T.D.L./Erfolge feiern!

1. Die Clique steht ständig unter Druck. Das ist der beste Anlass, um **e-i-n-e-n** Grund zum Feiern zu finden. **Jetzt.** Die Idee: Wir wollen, dass unsere PSF ein »toller Ort« ist. Richtig? Was bedeutet, dass wir regelmäßig Lob austeilen an diejenigen, die so viel Energie … und Leidenschaft … in das stecken, was sie tun. Also, wie steht's mit Ihrer »Lobesbilanz«?

2. Der einfache Tipp: Feiern Sie coole Anlässe (auch »kleine« coole Anlässe). Regelmäßig. Punkt.

3. Wann haben Sie das letzte Mal eine kleine spontane Feier initiiert? (Wenn die Antwort lautet: »Vor mehr als 48 Stunden«, ziehen Sie … Punkte ab.)

Wann sind Sie das letzte Mal neben dem Schreibtisch eines Mitarbeiters stehen geblieben, um sich – persönlich – für einen kleinen, aber besonderen Einsatz zu bedanken? (Wenn die Antwort lautet: »Vor mehr als 24 Stunden«, ziehen Sie … Punkte ab.)

Wann haben Sie das letzte Mal ein echtes »Glückwunsch-E-Mail« an Ihr Team verschickt?

Wann haben Sie das letzte Mal ein »Glückwunsch-E-Mail« an ein Teammitglied *des Kunden* geschickt? An einen Subunternehmer, der gute Arbeit leistete?

Wann haben Sie das letzte Mal einen großen Strauß Blumen mitgebracht … einfach nur, um den Arbeitsplatz aufzupeppen?

Haben Sie tatsächlich ein richtiges, formelles Notizbuch (elektronisch oder in Papierform), in dem Sie – nicht nur gelegentlich – Buch führen über das Lob, das Sie verteilen? (Betrachten Sie es als **DANKESCHÖN-Erinnerungsheft.**)

Der Punkt: Denken Sie über diese Dinge nach. Ständig. Mehr oder weniger formell. Dann handeln Sie entsprechend. Immer wieder.

30a.

DER WEG ZU LOHNENDEN PROJEKTEN IST STEINIG.

Es gibt schlechte Tage im Büro.

Der Umgang mit der emotionalen Achterbahn namens PSF-auf-heiliger-Mission erfordert viel Sorgfalt!

Der Kern

Das Leben stinkt … zuweilen. (Häufig?) Das heißt: Wenn Sie sich in WOW! versuchen, holen Sie sich … eine blutige Nase. Immer wieder. Das gehört zum Spiel. Es ist die Teilnahmegebühr.

Das bedeutet: Die Aufgabe des PSF-Chefs besteht zu einem Großteil darin, seiner Mannschaft zu helfen, »unfaire« Rückschläge mit einem Lächeln wegzustecken.

Die Ironie ist vermutlich, dass uns, wenn wir den Nerv haben, uns den Herausforderungen zu stellen und den Standard (weit) hinter uns zu lassen, außerordentliche Unannehmlichkeiten … und (vielleicht) der ultimative Ruhm erwarten können. Infolgedessen liegt die Aufgabe des PSF-Chefs eher darin, die emotionalen Täler – und Höhen – zu managen, als den ruhmreichen Chefplaner abzugeben. Wofür alle Chefs ewig dankbar sein sollten. Was ist schließlich befriedigender: Fusseln zu zupfen … oder einer Schar wundervoller/cooler/eifriger Menschen zu helfen, die Schlaglöcher entlang der Straße zur persönlichen/beruflichen Erfüllung zu umfahren?

Zwar hüte ich mich stets, Analogien zum Sport überzustrapazieren (es ist einfach zu billig), aber diese viel gebrauchten Metaphern bieten sich für dieses Thema geradezu an. Denken Sie an eine 16 Spiele umfassende, reguläre Saison der National Football League: Die Trainer sind mindestens so sehr mit dem Management der emotionalen Hochs – und Tiefs – beschäftigt wie mit der richtigen Platzierung der Kreuze und Häkchen auf der Kreidetafel. Auf ein verlorenes Spiel – sagen wir im *Monday Night Football* vor 30 Millionen Zuschauern – folgt eine verkürzte Woche der Vorbereitung auf das nächste Spiel. Ein volles Sechzehntel der Saison, in der … das Team versucht, (1) sich von der Demütigung zu erholen, vor der halben Nation verloren zu haben, (2) mit enttäuschten Fans, Freunden und Familien umzugehen, (3) die Stricke und Pfeile der häufig feindseligen und spöttischen Presse zu ertragen und (4) das nächste Spiel vorzubereiten. Welch ein emotionaler/physischer/seelischer/gedanklicher Stress! Ungeheuerlich! Und das Gewinnen ist, ob Sie's glauben oder nicht, ebenfalls kein Zuckerschlecken; es bringt seine eigenen Erwartungen, Zwänge und Enttäuschungen mit sich. Der Punkt ist jedenfalls: Das **bewusste Managen von Emotionen** bildet einen wichtigen Teil des Jobs, den ein Teamleiter innehat.

So auch in der Welt der PSFs und deren Streben nach WOW!-Qualität.

T.D.L./Bewusstes Management von Emotionen

1. Machen Sie sich klar: Wenn Sie »auf einer Mission« sind, wird es schlechte Tage geben.

Also machen Sie Ihren Leuten klar, dass es normal … sogar gut … ist, wenn sie sich zu manchen Zeiten nicht allzu fabelhaft fühlen. (Es gibt nichts Nervigeres, Ermüdenderes oder Verdächtigeres, als wenn jemand ständig in »Hochstimmung« ist. Es ist einfach nicht normal.) Täler = okay. (Wie natürlich auch Höhen!) Anders lassen sich die wichtigen Dinge im Leben nicht erreichen!

2. Ganz gleich, wie großartig Ihr Anliegen ist, es gibt »Flauten«. Eine schlechte Woche im Büro bedeutet nicht, dass das Leben, wie wir es kennen, zu Ende ist. Im Ernst, »genießen« Sie die Flauten ebenso wie die guten Zeiten. Sie sind Teil des Lebens, **falls** … Sie etwas Lohnendes anstreben. Seien Sie einfühlsam gegenüber jenen, die gerade im Stimmungstief sind; seien Sie sanft, lassen Sie ihnen Raum, sich zurechtzufinden (muss ja nicht in selbstmitleidiges Stöhnen und Lamentieren ausarten.)

3. Gehen Sie offen mit Gefühlen und Emotionen um.

Verstecken Sie sie nicht! Behandeln Sie sie nicht als etwas Unnatürliches! (Mit dem Leugnen von Emotionen im Geschäftsleben haben die Business Schools einen furchtbaren Fehler begangen.) Sprechen Sie über die Achterbahn der Gefühle. Ziehen Sie gelegentlich einen externen Trainer oder Moderator hinzu. (Lassen Sie möglicherweise bei Gelegenheit einen örtlichen Psychologen während eines Arbeitsessens zu Ihren Leuten reden.) Ich bin nicht dafür, dass wir uns »zu Tode psychologisieren«. Ich meine nur, dass wir uns dem emotionalen Aufruhr, der mit unserem ehrennaften Streben einhergeht, offen stellen müssen. Das Leugnen von Gefühlen ist ein *sicheres* Rezept für ein Scheitern, denn auf die eine oder andere Weise *werden* sie zum Vorschein kommen. (Wir alle waren in Büros, in denen es nur so brodelt von mühsam unterdrückten Feindseligkeiten.) Deshalb tun Sie als Chef gut daran, das emotionale Klima zu verstehen und zu kontrollieren.

4. Machen Sie Pausen!

Es gibt wenig, was wichtiger wäre! (Wirklich.) Eine 15-minütige Unterbrechung, um einmal um den Block zu joggen oder zu gehen, ist Gold wert. Als PSF-Chef: Wann haben Sie sich das letzte Mal um zwei Uhr nachmittags an ein gestresstes Teammitglied gewandt und gesagt: »Mach eine Pause ... eine halbe Stunde ... und geh zu Starbucks«? Wann sagten Sie das letzte Mal zu einer überarbeiteten Seele: »Nimm morgen frei. Ich weiß, dass es dir schwer fallen wird. Tu es trotzdem. Es ist ein Befehl!«?

5. Zeit für Spiele!

Es gibt kaum bessere Mittel gegen Stress als Spielzeug und Spiele. (Warum, denken Sie, investieren so viele Firmen in Silicon Valley in Basketballplätze, Tischtennisplatten, Billardtische und Swimmingpools? Es ist kein Altruismus.) Also: Investieren Sie in ... eine Spielzeugkiste! Ernennen Sie eine Leiterin für Spiel und Spaß.

6. PSF-Chef:

IHR JOB:
MANAGER ... DES EMOTIONALEN RHYTHMUS!

(Vergessen Sie das nicht.)

30b.

SIE BRAUCHEN EINEN HOFNARREN!

Der Kern

Es lebe Lily Tomlin! Es lebe John Cleese! Es lebe der Hofnarr!

(Ich mache keine Witze!)

Ich war in einem Dutzend »cooler« Projektteams. Wenn Ihr Team cool *ist,* steht es … ständig … unter Spannung. (Das Leben ist unfair: Keine gute Tat – tolles Projekt – bleibt ungestraft!)

Was bedeutet, dass Sie ein Gegenmittel brauchen:

LASSEN SIE DIE CLOWNS HEREIN!

Was ich sagen will: Sie brauchen – unbedingt – jemanden mit einem ausgeprägten Sinn für Humor, dessen Heiterkeit die Spannung löst, die sich unweigerlich einstellt, wenn man ein wichtiges Anliegen verfolgt.

T.D.L./Auftritt der Clowns!

1. **Wir brauchen die Leichtigkeit der Komik.** Wir müssen aufpassen, dass wir uns nicht zu ernst nehmen. (Da wir … tatsächlich etwas … »Großes«/Cooles/sehr Ernstes vorhaben.) Denken Sie daran. Sprechen Sie darüber mit Ihren Kollegen.

2. »Coole Dinge« geschehen zu lassen, ist … eine **Kunst.** Eine Kunst, die von uns ein Gespür für Spiel und Verspieltheit verlangt. Deshalb: Suchen Sie nach konkre-

ten Möglichkeiten, Leichtigkeit in das Geschehen zu bringen:

* Verleihen Sie humorvolle Preise. Regelmäßig.
* Legen Sie Spielpausen ein. Buchstäblich.
* Arrangieren Sie Ausflüge in den Park. Halten Sie dort Besprechungen ab.
* Veranstalten Sie Kostümtage. »Dress up«-Tage. »Dress down«-Tage.
* Finden Sie heraus, wer in Ihrer Mannschaft den meisten Sinn für Humor hat. Fordern Sie sie auf/machen Sie ihr Mut, ihn zu gebrauchen. (Ernennen Sie sie zur **Jux- und Spaßleiterin**?) Witzige Notizen, computererzeugte Collagen von Joe und dem Rumpf von Tom Cruise ... oder vielleicht dem von Pamela Anderson. Was immer die Leute zum Lachen bringt, ist okay.

3. **Rekrutieren Sie Teammitglieder – zumindest einige – mit Sinn für Humor.** Es geht auf eine arktische Reise. Und die Nächte können (sehr) lang und (sehr) kalt werden. Denken Sie, wie Captain Scott und Admiral Peary über die Auswahl von Teammitgliedern gedacht haben mögen, als sie zu ihren epochemachenden Entdeckungsreisen starteten. *(Das ist es, was Sie vorhaben, richtig?)*

31.

KÜMMERN SIE SICH UM DIE »HILFSMANNSCHAFT« IM HINTERGRUND.

(Das ist ein Befehl!)

Alle PSFs haben Zuarbeiter – Referenten, Protokollanten, Sammler von Daten und Informationen etc. Aber diese Leute werden häufig als Menschen zweiter Klasse behandelt, die Meilen hinter den Juristen, Grafikern, Programmierern oder Architekten stehen. Fehler!

»PSF« ist ein Mannschaftssport. Kluge PSF-Chefs achten besonders darauf, dass die unbesungenen Helden der PSF-Welt geliebt, beachtet und versorgt (und belohnt!) werden.

Der Kern

Bei McKinsey & Co. gab es eine klare – allzu klare! – Hackordnung, wie sie in jeder Anwaltskanzlei, Werbeagentur etc. existiert. Gewiss, das ist ein natürliches Phänomen und gehört zum Menschen: Der Starankläger, -architekt, -anwalt ist genau das: … ein Star.

Andererseits braucht eine »PSF«, ähnlich wie ein Basketball-Team oder ein Opern-Ensemble, noch andere Mitstreiter als die *Home Run Hitters* und die Diven mit den goldenen Stimmen. Es gibt immer die unverzichtbare Mannschaft im Hintergrund, die … die Recherchearbeit macht, die Datenbanken unterhält, die Berichte für die Kunden vorbereitet … und so weiter.

In der Einpersonen-Wirtschaftsprüfungsgesellschaft ist »die Frau« – ganz und gar! – abhängig von dem Halb- oder Vollzeit-Büroadministrator, selbst im Zeitalter von Microsoft Office, Piepern und Mobiltelefonen.

Die Botschaft:

* Rekrutieren Sie Ihre Hilfsmannschaft mit Sorgfalt und nach denselben strengen Kriterien, nach denen Sie junge Juristen und Wirtschaftsprüfer einstellen.
* Bezahlen Sie diese Mitstreiter im Hintergrund gut.
* Achten Sie besonders darauf, die Hilfsmannschaft bei der Verteilung von Lob und anderen »weichen« Belohnungen einzubeziehen.
* Behandeln Sie diese Zuarbeiter mit dem Respekt, den sie verdienen.
  (Lob und selbst Geld werden bald ihren Reiz verlieren, wenn die Leute wie Menschen zweiter Klasse behandelt werden.)

Nach dem, was ich gesehen habe, waren diejenigen jungen professionellen Dienstleister am erfolgreichsten, die weise genug waren, ein gutes Verhältnis zu ihrer Hilfsmannschaft zu pflegen; sie wurden dafür mit überwältigendem Service und Engagement belohnt.

(Heute, mehr als 20 Jahre später, sind mir von meinen sieben Jahren bei McKinsey & Co. wahrscheinlich mehr Freunde aus der Hilfsmannschaft als aus dem Kreis der Berater geblieben.)

T.D.L./Heldenhafte Unterstützung aus dem Hintergrund!

1. Machen Sie sich ausgiebig Gedanken über die Struktur der Hilfsmannschaft Ihrer PSF. Mehr ist besser als weniger, selbst wenn Sie nur über (sehr) knappe Ressourcen verfügen.

2. Rekrutieren Sie die Mannschaft im Hintergrund mit Sorgfalt! Bei der kleinen PSF wird diese größtenteils aus externen Kräften bestehen: Wählen Sie dazu Vertragspartner, die klein und ambitioniert sind, die mit Ihnen … zusammenarbeiten und Sie ernst nehmen werden.

3. Seien Sie nicht knausrig! (Machen Sie andererseits nicht den Fehler zu meinen, der teuerste Vertragspartner sei der beste. Wieder: Der energische, fantasievolle, ambitionierte Vertragspartner bietet Ihnen möglicherweise viel mehr Sorgfalt und Aufmerksamkeit als der »berühmte« Dienstleistungsanbieter. Sie wünschen sich jemanden, der ebenso viel Hunger und Leidenschaft mitbringt wie Sie selbst.)

4. Gewöhnen Sie sich konsequent an, dafür zu sorgen, dass die Hilfsmannschaft ihren vollen Anteil an den *emotionalen* Belohnungen des WOW!-Projekt-Lebens abbekommt. Behalten Sie das im Kopf. **Täglich!** Unternehmen Sie etwas in diesem Sinn. Bewusst. **Täglich!**

32.

EIN UNERBITTLICHER TERMINKOORDINATOR IST EIN MUSS!

Ein Leben mit Projekten = ein Leben mit Terminen.

Jedes Projekt braucht – in der Abteilung/in der PSF – einen »Termin-/Fristen-/Meilenstein-Freak«. Klingt nach Verwaltungsquatsch. Ist es nicht!

»Wie gerät ein Projekt anderthalb Jahre in Rückstand? Einen Tag und noch einen Tag ...!« – nach Fred Brooks, sagenumwobener Projektmanager des Systems 360 von IBM, zitiert aus seinem Buch *The Mythical Man-Month* (dt.: *Vom Mythos des Mann-Monats*).

Das heißt,
der Hüter des Terminplans
hat in der PSF einen anderen Namen:
Gott.

Der Kern

»PSF« ist cool. »PSF« ist WOW! Das ist das Hauptanliegen dieses Buches und sogar dieser ganzen Buchreihe (und sogar meines Lebens).

Dennoch: Verbeugung (t-i-e-f) vor dem nervenden Meilenstein-Freak! (Bitte entschuldigen Sie die deutlichen Worte. Sie sind, glaube ich, gerechtfertigt.)

Disziplin und WOW! **sind** Freunde. Keine Erzfeinde. Sie bedingen sich sogar gegenseitig zu 100 Prozent. Wie Warren Bennis und Patricia Ward Biederman in ihrem fantastischen Buch *Organizing Genius (dt.: Geniale Teams)* sagen: »Großartige Teams liefern«. Das heißt: Nichts ist nicht großartig (cool, WOW!), bevor es nicht fertig ist! Und es wird nicht fertig, wenn nicht jemand (leidenschaftlich!) über Termine, Meilensteine, Ordner und Budgets wacht.

Ob das ein Mitglied der Hilfsmannschaft im Hintergrund oder der geschäftsführende Gesellschafter selbst ist, spielt keine Rolle. Die Idee:

Jemand – der respektiert wird! – muss den Termindrachen spielen.

Projekte bieten jede Menge Überraschungen – viel eher als Routinetätigkeiten. Was nicht mit Unsicherheiten behaftet ist, lohnt selten die Mühe. Dennoch (oder vielmehr deshalb) brauchen wir eine Religion der Termine/Pläne/Meilensteine. Und unsere Religion braucht einen Hohepriester. Er oder sie macht die Zeiteinteilung für Leute, Besprechungen und die Erstellung von Berichten, kontrolliert die Einhaltung der Fristen und betreut ein Dutzend anderer Aktivitäten. MIT EISERNER HAND. (Der junge Jurist/Wirtschaftsprüfer/Trainer/Berater, der nicht rasch die Disziplin erlernt, wie sie beim Militär herrscht, hat keine lange Zukunft in der PSF-Welt – unabhängig von seinem IQ und seiner Fantasie.)

T.D.L./E-i-s-e-r-n-e Hand!

1. Ernennen Sie einen Termin-Guru. **Sofort.**

2. **Als PSF-Chef: Behandeln Sie den Terminkalender und den Termin-Guru demonstrativ mit dem höchsten öffentlichen Respekt.**

3. Machen Sie die Termine plakativ sichtbar. **Erwägen Sie die Einrichtung einer Stabsstelle.**

4. **Sanktionieren** Sie versäumte Fristen. **Streichen** Sie in diesem Zusammenhang den Begriff »mildernde Umstände« aus dem Vokabular Ihrer Gruppe.

5. Belohnen/feiern Sie (reichlich!) das Einhalten von Fristen. Die größere Idee: **Fristen = Religion.** Bestrafen Sie Laster. Belohnen Sie Tugenden. Ignorieren Sie weder das eine noch das andere – oder halten Sie es gar für selbstverständlich.

6. **ERMUTIGEN SIE ZU REALISMUS!** Häufig werden Fristen gesetzt, die kaum einzuhalten sind. Ja, wir sind in einer Zwickmühle. Ja, unsere Mission besteht darin, regelmäßig das Unmögliche zu tun. Aber achten Sie darauf, dass diese überängstliche, überspannte junge Mitarbeiterin nicht eine Aufgabe übernimmt, die sie unmöglich – und unter keinen Umständen – bewältigen kann. (Das ist eine weitere Variante der Rolle des PSF-Leiters als

Orchestrator des Rhythmus, der den WOW!-Projekt-Lebenszyklus bestimmt.)

32a.

ES GEHT UM GELD!

WOW! ist das Ziel. Aber (großes »ABER«), es muss Arbeit sein, die ihr Geld wert ist.

Also, fordern Sie … angemessene Bezahlung. (Energisch.)
Und setzen Sie sich das Ziel, den einen oder anderen Groschen zu verdienen.

Der Kern

Ich gebe es zu. **Ich führe Bilanz.** Mich interessiert das Niveau meiner Vortragshonorare … verglichen mit denen von Henry Kissinger … oder Colin Powell. Ich halte das nicht für Geldgier. Vielmehr sehe ich darin den Wunsch zu prüfen, ob ich noch voll im Spiel bin (den Marktpreis wert bin).

»PSF« ist cool. (Wie ich hoffe, … um Ihretwillen.)

Und wenn »es« cool ist, was Sie zu bieten haben, dann sollten die Kunden bereit sein, dafür entsprechend zu zahlen. Das heißt, für fabelhafte Arbeit einen angemessenen Preis zu entrichten.

»Die ganze Sache« hat eine »kommerzielle Seite«. Nämlich: Verlangen Sie, was Sie wert sind! (Unter anderem brauche ich dicke Schecks, um die Forschung zu finanzieren, die zu mehr dicken Schecks führt.)

T.D.L./Lassen Sie sich angemessen bezahlen!

1. Bestimmen Sie den Marktwert für Arbeit wie die Ihre. **Wenden Sie genügend Zeit dafür auf!**

2. Sprechen Sie mit Ihren Kunden offen über die Höhe des Honorars. Gehen Sie dem Thema nicht aus dem Weg.

3. **Verlangen Sie einen fairen – offensiven – Preis für coole Arbeit.**

33.

BEACHTEN SIE DIE »HARD FACTS« … ZUM BEISPIEL: METHODIK.

Das klingt wenig flexibel. Und ist es bis zu einem gewissen Punkt auch. Viele (die meisten?) unter den besten PSFs – zum Beispiel McKinsey & Co., IDEO, BCG, EDS, CRS Sirrine – haben eine charakteristische Art, mit Problemen umzugehen. Außerdem werden bei Firmen dieser Art diejenigen reich belohnt, die innovative »Rahmenmodelle« (ein McKinsey-Begriff) entwickeln, mit denen sich ganze Problemklassen effektiv behandeln lassen.

Jedes Projekt ist anders. Sehr wahr. Aber es *ist* möglich, für ganze Projekt-/Problemkategorien gültige Sichtweisen zu entwickeln und zu testen – zum Beispiel wie sich Kundeninformationen sammeln, Forschung betreiben, Hypothesen aufstellen, Schlussfolgerungen ziehen und Kunden in den Problemlösungs- und Implementierungsprozess einbeziehen lassen.

PS: DIES GILT EBENSO FÜR DIE »PERSONALABTEILUNG« WIE FÜR IDEO ODER EDS.

Der Kern

Als ich 1974 zu McKinsey & Co. kam, befand sich die Firma seit Jahrzehnten zum ersten Mal im Belagerungszustand. Der »Feind«: die Boston Consulting Group. Das Problem: BCG hatte eine umfassende »Problemlösungsmethode«, die fantasievoller wirkte als die unsrige.

David Kelleys IDEO Product Development wird immer öfter gerufen, um Kunden im Sinn eines allgemeinen Innovationsansatzes zu beraten, des **IDEO-Stils.**

Kurz: Es *gibt* eine für McKinsey, EDS, Andersen, BCG, Bain, Chiat/Day, CRS Sirrine oder IDEO typische »Vorgehensweise« (Herangehensweise). Die Probleme mögen stark variieren. Nicht so der Ansatz. »Der Ansatz« ist – buchstäblich – mehr als Gold wert.

DIESE IDEE IST ZENTRAL!

Warum?

Weil meiner Erfahrung nach ... verdammt wenige »Abteilungen« so etwas wie eine charakteristische, eigene, brauchbare »Methode« haben.

Das ist ein G-R-O-S-S-E-R Fehler. Unglücklicherweise lässt er sich nicht so leicht korrigieren.

Im Leben gibt es nichts umsonst. »Methoden« können unflexibel, vorhersehbar und schal werden – der Todeskuss für eine PSF. Wie im Schauspiel kann eine übertriebene Abhängigkeit von der Methode der Darbietung die Spontaneität rauben. Meine Karriere bei McKinsey & Co. beruhte tatsächlich darauf, dass ich »die Methode« attackierte; solche Übungen zur Selbstreinigung sind unerlässlich ... und viel zu wenig verbreitet.

Trotz der bestehenden Gefahr einer einseitigen Ausrichtung stehen die meisten von uns (besonders in jungen PSFs) eher vor der Aufgabe, überhaupt erst einmal einen charakteristischen Problemlösungsansatz zu entwickeln!

DIE METHODE

Was sind die typischen Elemente der **Methode?** Für Neulinge:

1. **Wie definieren wir ein Problem?** (Keine leichte Sache!)

2. Wie formulieren wir die Absichten, die Ziele, die Parameter eines bestimmten »Falles« ... die Basis für unser Projekt?

3. Wie arbeiten wir mit den Kunden zusammen? (Existiert eine klare Anleitung für die Einbeziehung von Kunden?)

4. Wie forschen wir über das Problem? (Wie stellen wir sicher, dass wir Wissen in einer Form sammeln, die den anderen angewandten Sammelpraktiken überlegen ist?)

5. Wie präsentieren wir unsere Ergebnisse? (Bei McKinsey gab es eine klare Präsentationsmethode. Sie war sauber, prägnant, einprägsam ... und charakteristisch für die Firma.)

6. Wie sieht der Ablauf eines Problemlösungsprozesses aus? (Wie können wir mit unseren Kunden ... über längere Zeit ... zusammenarbeiten, um in einer schwierigen Frage zu einem Abschluss zu kommen?)

7. Wie bringen wir Originalität in den Prozess? (Wie nutzen wir Externe, etwa Akademiker, um neue Perspektiven – die noch über unsere eigenen originellen Ideen hinausgehen – in das Projekt einzubringen?)

8. Wie testen wir unsere Schlussfolgerungen? (Wie lautet unsere spezielle Version der wissenschaftlichen Methode? Wie bilden wir Hypothesen, testen sie und prüfen die Zuverlässigkeit unserer Schlussfolgerungen?)

9. Wie lautet unsere Definition von Qualitätskontrolle? (Wie können unsere Kunden sicher sein, dass das, was wir sagen, vollständig und sorgfältig bewertet wird?)

10. Wie gestalten wir den Implementierungsprozess? (Wie weit sind wir in den Implementierungsprozess involviert? Wie sieht die Nachbereitung aus? Hinweis: Das ist der Punkt, über den die meisten professionellen Servicefirmen stolpern. Was – konkret – bieten wir an, um sicherzustellen, dass wir *nicht* noch während der Umsetzung scheitern?)

11. **Wie unterscheidet sich unser Ansatz von anderen?** (Das Gerät des Computerherstellers muss sich von anderen abheben. Und unsere Methode sollte sich von anderen unterscheiden. Tut sie das? Erfolgreich? Deutlich?)

MCKINSEY-ANSATZ ENTHÜLLT! (GRÖSSTENTEILS.)

Es gibt nicht nur einen »McKinsey-Ansatz« zur Problembehandlung, sondern es gibt jetzt auch ein Buch darüber! Nämlich *The McKinsey Way* von dem ehemaligen Berater Ethan Rasiel.

Dieser Ansatz ist nicht ohne Schwachstellen (zum Beispiel legt er nicht genug Gewicht auf Implementierung und Einbeziehung des Kunden), aber darauf kommt es dem Autor auch nicht wirklich an.

»McKinsey ist für das Management, was Cartier für Juwelen ist«, beginnt der Klappentext des Buches. In diesem Buch finden sich tatsächlich zahlreiche Juwelen aus »der Methode«: aggressives Datensammeln, Kräfteanalysen, Erzeugen von Anfangshypothesen und deren Verifikation, Wasserfalldiagramme, Bestimmung von Schlüsselfaktoren, MECE (mutually exclusive and collectively exhaustive, also: vollständige unternehmensspezifische Problemformulierung). Um nur einige zu nennen.

Vielleicht können Sie aus diesem Band den einen oder anderen Trick lernen. (Mich beispielsweise erinnerte er an einige alte – und nützliche – Analysegewohnheiten, die ich vernachlässigt hatte.) Wichtiger im Hinblick auf mein Anliegen hier ist, dass Sie damit einen großartigen Eindruck erhalten, wie eine voll entwickelte Methodik aussehen kann ... und wie sie zur Handschrift einer PSF wird. (Kurz: Die Methodik »macht« ebenso sehr den Berater, wie der Berater die Methodik. Okay?)

T.D.L./Methode!

1. **Haben Sie eine systematische, spezifische Art in Ihrer »Personal AG«, Probleme zu behandeln?** Diskutieren Sie darüber mit Ihren Kollegen. (Häufig gibt es eine mehr oder weniger gelungene implizite Methodik, die explizit gemacht werden sollte.)

2. Lektürevorschlag: **Donald Schon, *The Reflective Practitioner: How Professionals Think in Action*; Donald Schon, *Educating the Reflective Practitioner*.** Das sind Juwelen! Machen Sie eines oder beide zum Thema einer Lerngruppe. Der wichtigere Punkt: Denken Sie *ernsthaft* über diesen Aspekt nach. Das heißt, über eine eigene Methodik.

3. Laden Sie drei oder vier sorgfältig ausgewählte Leiter professioneller Servicefirmen aus Ihrer Umgebung zu einem Arbeitsessen oder einem halbtägigen Seminar ein. (Bezahlen Sie sie nötigenfalls!) »Bewerten« Sie deren Methodik. Und lassen Sie die Ihre beurteilen.

4. **Hetzen Sie nicht. (Aber zögern Sie auch nicht zu lange.)** Beginnen Sie ein größeres Projekt zur Entwicklung und Systematisierung der eigenen Methodik.

34.

SETZEN SIE AUF MARKETING.

Belohnen Sie Spitzenleistungen im Marketing.

»PSF« HAT EINE
KLARE MARKETING-KOMPONENTE.
DIESE SOLLTE WEDER GELEUGNET …
NOCH VERHARMLOST WERDEN.

PSF-Marketing reicht vom Aufbau einer externen Reputation (in Wirtschaftsjournalen zitiert werden, Bücher produzieren, Seminare geben) … über die alltägliche Beziehungspflege, zum Beispiel während wir mit Kunden an einem Projekt arbeiten, … bis zum vernetzten Arbeiten auf Konferenzen, Seminaren, in Flugzeugen etc.

Der Kern

»Verkaufen« ist kein anrüchiges Wort!

»PSF« **ist** Verkauf:

* **Verkauf** Ihrer Reputation als Problemlöser (Die Methode! etc.)
* **Verkauf** Ihrer Reputation als Revolutionär
* **Verkauf** Ihres erwiesenen Implementierungsgeschicks
* **Verkauf** Ihres unglaublichen Talentpools
* **Verkauf** Ihrer außergewöhnlichen Kontakte zu außergewöhnlichen Leuten
* **Verkauf** Ihrer sichtbaren Erfolge

»PSF« ist Verkauf: Dies ist eine der Hürden, die zu nehmen »konventionellen« Mitgliedern von »Abteilungen« mit am schwersten fällt. Dazu gehört die Erkenntnis: **Verkauf = wir.** (Es war auch für »offizielle« professionelle Servicefirmen wie die »großen« Wirtschaftsprüfungsgesellschaften noch vor wenigen Jahren verdammt schwierig, damit umzugehen. Heute sind sie »Prostituierte« erster Klasse geworden!) Es bedeutet nicht notwendigerweise, Flugblätter in der Mall of America zu verteilen. Aber Sie müssen erkennen, dass Sie (Personal AG, Informationssysteme AG) ein echtes Produkt verkaufen, das seinen Preis wert ist.

Allein davon auszugehen, »Sie werden es kaufen, wenn wir es anbieten«, bringt nicht die Butter auf das Brot – weder bei Ihnen noch bei Intel oder Infiniti.

Für die Abteilung-alias-PSF bedeutet dies ein wichtiges Element des Stolzes, des Erwachsenwerdens, der Furchtlosigkeit. Sie bekunden Ihre neue Identität, preisen Ihre Fähigkeiten an … und rufen der Welt zu: »Wir bieten absolutes WOW!, und wenn ihr davon etwas abhaben wollt, dann k-o-m-m-t z-u u-n-s!«

Für Neulinge bedeutet Verkaufen, ihr Produkt zu beschreiben. Klar. (Was wir tun.) Ein provokatives Verkaufssortiment zusammenzustellen. Mit jedem Kunden über Verkauf (zukünftige WOW!-Projekte) zu sprechen. Auf Handelsmessen zu gehen und die eigene Reputation öffentlich »zur Schau zu stellen«, selbst wenn es sich offiziell noch um eine »Abteilung« handelt.

T.D.L./Verkaufe, Darling, verkaufe!

1. **Was ist unser Produkt?** Beginnen Sie eine Sitzungsreihe zu diesem Thema … UMGEHEND. (Seien Sie konkret. Leichter gesagt als getan!)

2. **Stellen Sie ein erstklassiges Verkaufs- und Marketingsortiment zusammen.** (Diese Tätigkeit fördert die Konzentration!) Seien Sie vergleichsweise großzügig, um daraus absolutes »WOW!« zu machen. (Das heißt: Sparen Sie nicht!) Erwägen Sie, die Hilfe eines externen Beraters in Anspruch zu nehmen, um die Schliche von Verkauf und Marketing kennen zu lernen.

3. Sprechen Sie im Verlauf des Prozesses mit Ihren Kunden über »Verkauf«: Lassen *Sie* sich von *ihnen* bei der Definition Ihres Produkts und seiner (hoffentlich) klaren Vorteile helfen.

4. Führen Sie ein Training zum Thema Verkauf/Marketing durch. Die Idee ist *nicht* »Das Einmaleins des Kundenfangs«. Die Idee *ist*: Dies ist unser cooles Produkt, und das ist der Grund, warum es cool/besonders ist.

(Jeder gute professionelle Verkäufer wird Ihnen erzählen, dass Sie ein schlechter Verkäufer sind, wenn Sie bei dem, was Sie verkaufen, kein gutes/großartiges Gefühl haben. Das gilt ebenso für eine professionelle Dienstleistung wie für einen x-beliebigen Gegenstand.)

5. Setzen Sie **»Verkaufsgespräche«** (irgendetwas dieser Art) auf die Tagesordnung Ihrer wöchentlichen PSF-Projektbesprechungen.

VI. Wir sind unser Wissen!

35.

WERDEN SIE VERFECHTER VON FORSCHUNG & ENTWICKLUNG.

Es ist axiomatisch:

PSF = intellektuelles Kapital.

Deshalb hat F&E zentrale Bedeutung für die durchschnittliche professionelle Servicefirma oder Abteilung-alias-PSF.

Oder: Zumindest *sollte* es so sein.

In der Realität ist das aber leider nur selten der Fall. Werden Sie also in diesem Sinn aktiv. Haben Sie – Einkaufs AG (ehemals Einkaufsabteilung) – ein *f-o-r-m-a-l-e-s* Forschungsprogramm? *Gut ausgestattet? Mutig?* Wenn nicht, … dann mal los!

Der Kern

Lesen Sie *Mastery* (dt.: *Der längere Atem*) von George Leonard.

Was »wir« tun – Einkauf, Finanzen, Informationssysteme, Training – ist eine **P**rofession.

Ein Gewerbe. Eine außergewöhnliche Kunst. Ebenso außergewöhnlich wie das Werfen oder Fangen eines *Footballs. Und* … ebenso außergewöhnlich wie die Arbeit in einem Pfizer-Labor.

Ich bin stolz auf meine Profession. Das heißt, auf meine fortgesetzten Studien über die Art, wie Organisationen funktionieren … oder auch nicht. Ich versuche, *etwas* Neues zu lernen … *jeden* Tag. (Kein Scherz, verdammt.) Aus den Beobachtungen in einem Hotel. Oder aus der Lektüre einer akademischen Zeitschrift. Oder anlässlich eines Fluges von Albany nach Pittsburgh mit USAirways.

Ich habe mich meiner Profession verschrieben (ja, »verschrieben«). Ebenso wie meine Frau, die Wandteppich-Künstlerin. An dem Tag, an dem Sie damit aufhören, beginnen Sie zu sterben. Es ist eine wilde, überdrehte, sich rasend schnell entwickelnde Welt da draußen, und was gestern funktioniert hat, taugt heute vielleicht nicht mehr. Wer meint, dass er sich auf seinen intellektuellen/sozialen/kulturellen Lorbeeren ausruhen kann, ist nicht nur arrogant, sondern dumm … **und** … meistens … nicht entschlossen, der **A**llerbeste des **F**aches zu sein.

Die allgemeine Idee: Machen wir Profession/Gewerbe/Meisterschaft zur … absolut! … zentralen Idee … der Abteilung-alias-PSF.

Dies ist keine »Option«. Dies ist ein »Muss«.

Und deshalb … will ich den (großen) Begriff **F&E**/Forschung & Entwicklung einführen. Wenn Sie von »F&E« sprechen, denken Sie normalerweise nicht an »Personalwesen« oder »Einkauf«. Fehler! Verdammt großer Fehler. Okay? Wenn irgendjemand ein Meister in F&E sein und bleiben muss, dann die Abteilung-alias-PSF! Sie leben mitten im weißglühenden Zentrum der Informationsrevolution. Und der Bürorevolution. Ihr Job kann … jeden Augenblick … ausgelagert werden nach Indiana oder Indien. Wenn Ihnen Meisterschaft in F&E egal ist, werden Sie vielleicht schon nächsten Monat (nächste Woche? morgen?) überflüssig sein.

Ich will, dass … jeder PSF-Vertreter …

* sich auf den Weg in Richtung **persönliche Meisterschaft** begibt.

* mit seinem ganzen Einsatz eine **Profession** ausübt.
* mit Eifer **Neues lernt** … unter allen Umständen … **jeden Tag.**
* **Selbstzufriedenheit** wie die Pest **meidet.**
* gewaltig stolz ist auf ein **wachsendes Spektrum an Fähigkeiten** und Kenntnissen.
* das Wort **»Forschung«** sehr ernst nimmt – so ernst wie die Leute von der Woods Hole Oceanographic Institution. (Warum nicht? *B-I-T-T-E.)*

Es gibt in diesem Zusammenhang viele »Dinge« zu tun. Aber vor allem ist es eine Frage der »Einstellung«. Einer Einstellung, die besagt: ICH BIN EIN VOLLENDETER PROFI, DER SICH DER VERBESSERUNG UND BEHERRSCHUNG SEINER KUNST VERSCHRIEBEN HAT. (Ebenso sehr wie der »Middle Reliever« im Major League Baseball, der zu seinem Frühjahrstraining nach Florida oder Arizona geht und entschlossen ist, einen *Split-Fingered Fastball* werfen zu lernen. Bestimmt ist »Ihre Sache« ebenso cool wie seine. **Nein?**)

T.D.L./Forschung/Profession/Meisterschaft

1. Bestimmen Sie formell den Status von intellektuellem Kapital in Ihrer Abteilung-alias-PSF. Das heißt:

Befindet sich **JEDER** auf einer planmäßigen Lernkurve in Richtung Meisterschaft? (Verwenden Sie meinen Begriff … »Meisterschaft«.) Strebt *jeder* überwältigende Kompetenz (ein alter McKinsey-Ausdruck) in e-i-n-e-r Sache an?

2. Sprechen wir immerzu über Meisterschaft, überragende Kompetenz, persönliche Besonderheit, Profession, Neugier? Was bedeutet jeder dieser Begriffe?

Warum ist die Reise in Richtung Meisterschaft integraler/unerlässlicher Bestandteil unserer Identität als professionelle Dienstleister?

Ist der konkrete Begriff »Forschung & Entwicklung« in unserer Abteilung-PSF so häufig anzutreffen wie die Mücken? Sprechen wir darüber, was Forschung & Entwicklung für uns bedeutet/bedeuten könnte?

35a.

WENDEN SIE EINEN BETRÄCHTLICHEN TEIL IHRER ENERGIE/MITTEL FÜR DIE ENTWICKLUNG VON WISSEN AUF.

F&E ist bei professionellen Servicefirmen anders. Unsere Leute sind überall verstreut, arbeiten an Ort und Stelle beim Kunden an Projekten. Dann geht es ohne Verschnaufpause zum nächsten Projekt. Wie lernen wir also von unseren wechselseitigen Erfahrungen?

Antwort: Es geschieht nicht von selbst! *Erst einmal … müssen wir »die Entwicklung von Wissen« ernst nehmen.* Dann müssen wir einsehen, dass dies weit mehr bedeutet, als ein Vermögen auszugeben, um die neueste und beste Groupware zu installieren.

Es geht vor allem um Soziologisches: zum Beispiel darum, denjenigen umfangreiche/deutliche Anreize in Aussicht zu stellen, die bereitwillig weitergeben, was sie gelernt haben, sowie ... um harte/unmissverständliche Sanktionen für diejenigen, die sich damit keinerlei Mühe machen.

D e r   K e r n

Sie befinden sich irgendwo am Ende der Welt.

Ich an einem anderen. Wir sind beide mit unseren WOW!-Projekten beschäftigt. Wir lernen beide eine Menge Neues. Aber wir kommen selten (*nie!*) zusammen.

Wie also profitieren wir – im besten Sinn – voneinander?

Diese zentrale Frage macht allen Arten von Unternehmen zu schaffen – vor allem solchen, die ganz und gar wissensabhängig sind.

(Ich habe mich fast ein Jahrzehnt damit herumgeschlagen. Sie finden vier Kapitel und 60 Seiten in *Jenseits der Hierarchien,* die sich mit dem Thema »Strukturen des Wissensmanagements« beschäftigen.)

Und meine einzige wirkliche Antwort darauf lautet: NEHMEN SIE ES ERNST. Wie Andersen, Buckman Laboratories (das Unternehmen für Spezialchemikalien) und nach wie vor viel zu wenig andere.

Meine »Lieblingsgeschichten« über Wissensmanagement in *Jenseits der Hierarchien* stammen von alten Freunden aus McKinsey-Tagen und von Architekten der Firma CRS Sirrine. Ich finde sie interessant, weil sie den außerordentlichen Einfallsreichtum beschreiben, der nötig ist, um in viel beschäftigten Leuten Mitteilsamkeit und Lernbereitschaft zu erzeugen.

Die große Idee bei McKinsey und CRS Sirrine: **Kultur!** Das heißt, eine Kultur, die im Prinzip besagt: **Teile oder stirb!** Wer aus seinem (absurd) vollgestopften Kalender die Zeit herausschlägt, um sich mit anderen auszutauschen, ist ein Held. Wer das nicht tut, wird … zum Buhmann. Schlicht **und** einfach.

Natürlich gehört eine Menge mehr dazu. *Foren* für den Ideenaustausch. (Persönliche Treffen.) *Formate* für den Austausch brandneuer Ideen. (Elektronisch gestützt.) *Menschliche Intervention,* um aus viel beschäftigten, gestressten Leuten Interessantes herauszubekommen. (»Fliegende Kommandos«, die die weit verstreuten Leute besuchen und sie im Hinblick auf »gelernte Lektionen« ausquetschen. Der Begriff stammt von der britischen FI Group.) Mit anderen Worten: Wissensmanagement durchdringt jeden Winkel der Organisation; »es« ist ein **(das?)** beherrschendes Motiv, das *jeder* ständig am Kochen halten sollte.

Die wichtigere(n) Idee(n):

* Wir sind im Wissensgeschäft. **Punkt.**
* Austausch findet *nicht* automatisch statt. **Punkt.**
* Wir brauchen eine einfache Struktur und klare Anreize, um den Austausch zu fördern. **Punkt.**
* Wir brauchen Menschen, die das »Wissen« *extrahieren* und *verpacken*. **Punkt.**

T.D.L./Spitzenleistung im Wissensmanagement!

1. Nehmen Sie Wissensmanagement ernst. »Es« ist das, was wir tun! *Richtig?* »Es« ist unsere Kernkompetenz.

Richtig?

(Intellektuelles Kapital, dessen Entwicklung und Verbreitung = wir!)

2. Also: Treffen Sie sich mit Kollegen und sprechen Sie mit ihnen über Möglichkeiten, wirksam voneinander zu lernen, selbst wenn wir alle ständig in Eile sind. Erwägen Sie die Verwendung einer Software wie Lotus Notes.

Aber greifen Sie vor allem auf wirklich »weiche Faktoren« zurück – Anreize, die ungeheuer viel beschäftigte Leute ermutigen (und notfalls zwingen), ... **ZEIT FÜR DEN AUSTAUSCH FREIZUSCHAUFELN.**

3. Es gibt inzwischen »Literatur« über die Möglichkeiten zur Entwicklung von intellektuellem Kapital. (Beginnen Sie mit Thomas A. Stewarts brillantem *Intellectual Capital: The New Wealth of Organizations, dt.: Der vierte Produktionsfaktor. Wachstum und Wettbewerbsvorteile durch Wissensmanagement.*) Studieren Sie Best Practices. Wenden Sie deren »gelernte Lektionen« an, auch wenn Ihre Abteilung/PSF nur aus vier Personen besteht.

36.

MACHEN SIE AUS IHREM GEGENWÄRTIGEN PROJEKTPORTFOLIO EINE FUNDGRUBE FÜR F&E.

Die PSF hat in puncto Forschung & Entwicklung einen – großen! – Heimvorteil. Nämlich: Projekte!

Das heißt: *Jedes Projekt – ohne Ausnahme – kann so formuliert werden, dass es eine F&E-Komponente erhält: irgendeine interessante Hypothese, die einem Test unterzogen wird.*

Meistens kommt es darauf an, das richtige F&E-Bewusstsein zu entwickeln. Also: Was ist die F&E-Komponente Ihres gegenwärtigen Projekts? Aller Projekte im gegenwärtigen PSF-Portfolio?

Der Kern

Ihr aktuelles Projekt umfasst einige Änderungen in der Kundenservicepraxis. Auf zu amazon.com. Bestellen Sie ein Dutzend (!) Bücher zum Thema. Eines begeistert Sie total. Rufen Sie die Professorin an der University of Michigan und Mitautorin des Buches an. Fragen Sie, ob Sie sie mit zwei Kollegen in den nächsten zwei Wochen besuchen können.

Bringen Sie das ganze Team dazu, auf eigene Erfahrungen mit Kundenservice im Alltag zu achten – im Restaurant oder beim Kinobesuch diesen Samstag, morgen in der Reinigung oder wenn heute Abend dieser ärgerliche automatische Anruf zur »Serviceumfrage« ausgerechnet dann stört, wenn *Frasier* läuft. Organisieren Sie ein lokales »Mini-Gipfeltreffen«, auf dem Spitzenanbieter in Sachen Kundenservice Vorträge halten ... oder besser noch Führungen geben können.

Etc.

Etc.

Das heißt: Denken Sie an »F&E«. Immerzu. Kein Projekt ist zu klein, um auf ernsthafte Forschung zu verzichten. Und auf wunderbare wilde Ausflüge in die Fantasie.

Die (wichtige) Idee: Machen Sie »F&E-Gespräche« zu einem Teil Ihres Alltags.

Jenseits des einzelnen Projekts gibt es das Projektportfolio der PSF. Projekte sollten nach ihrem Forschungspotenzial ausgewählt werden: Gibt uns dieses Projekt (der Entwurf eines neuen Schulungskurses) die einzigartige Möglichkeit, beispielsweise mit internetgestützten Angeboten für Ferntrainings zu experimentieren?

T.D.L./Projekte als Forschungsgrundlage

1. BESSER HEUTE ALS MORGEN: Prüfen Sie j-e-d-e-s laufende Projekt. Bewerten Sie die Forschungsmöglichkeiten. Definieren Sie laufende Projekte (alle?) neu, um die Forschungsmöglichkeiten zu vergrößern (zum Beispiel: »Können wir das Internet einbeziehen?«).

2. Bestehen Sie darauf, dass ***jedes*** Mitglied eines Projektteams für sein laufendes Projekt eine ***formelle*** »Forschungsagenda« hat: Wie lauten konkret die Lern- und Wissensziele?

3. Beziehen Sie in all Ihre größeren Projekte akademische und andere »echte« Forscher ein. Erwägen Sie die Gründung eines »Beratergremiums für Forschung«, das alle Projekte prüft und nach ihrem Forschungspotenzial bewertet.

4. Arbeiten Sie von der Verhandlungsphase an mit den Kunden zusammen, um für jedes Projekt gemeinsame Forschungsziele festzulegen.

5. Verzichten Sie in Zukunft auf alle Projekte ohne signifikante Forschungsperspektive; oder richten Sie das Projekt so lange neu aus, bis der Forschungsaspekt darin Aufnahme findet.

REFRAIN: Das Leben ist zu kurz, um es mit Dingen zu vergeuden, aus denen sich nichts lernen lässt!

37.

ENTWICKELN SIE EIN BEWUSSTSEIN FÜR ... DESIGN.

Sind »Schönheit«/»Anmut«/»Eleganz« Wörter, die … in allen Projekten Anwendung finden?

SCHÖNHEIT. ANMUT. ELEGANZ.

Keine Standardkritierien im Leben der Buchhaltung/ Einkaufsabteilung. Richtig? Nun … ändern Sie das. Design und professionelle Dienstleistungen hatten in der Vergangenheit kein enges Verhältnis. (Außer natürlich bei Architektur, Werbung, grafischem und industriellem Design.) Ich will, dass Sie mir helfen, das zu ändern. Wir können niemals alle große Designer werden. (Vorsichtig ausgedrückt.) Aber wir können – alle! – unser Designbewusstsein erhöhen. Wir können alle begreifen, dass ein unschönes Projekt ein Gräuel ist. (Diese Wortwahl ist nicht witzig gemeint.)

Der Kern

Hier haben Sie mich ertappt. Beim Thema Design + Schönheit.

Ich bin ein Fanatiker in Sachen Design.

Ich denke, der »Schönheit« gebührt ein (bedeutender) Platz in jedem Projekt.

In j e d e m.

Ich denke, die Arbeit des Rechnungsführers hat mit Ästhetik zu tun: der kunstvollen Präsentation von Informationen, um die Entscheidungsfindung zu erleichtern. ***Richtig?***

Design.

Schönheit.

Anmut.

Eleganz.

Wie wär's, wenn …

Sie all diese Wörter … ernst … nähmen.

Wie wär's, wenn …

jedes Projekt … nach Anmut + Schönheit + Eleganz bewertet würde?

Wie wär's, wenn …

zu *jedem* Projektteam in Ihrer PSF offiziell ein *Designer* gehörte?

Design ist ein Wettbewerbsvorteil. Denken Sie an Apple. Oder Bloomberg. Oder Disney. Oder Volkswagen. Oder Gillette.

Design ist ein schönes/funktionelles *Rechnungsformular*. Fragen Sie nur die brillanten Profis von Siegel & Gale. Design ist die Essenz jedes relevanten Projekts zum Thema Geschäftsprozesse, das Sinn macht, wie die … »schönen Prozesse«, die für Southwest Airlines oder Federal Express oder USAA charakteristisch sind.

Design ist für Serviceunternehmen (FedEx) ebenso wichtig wie für Hersteller (CAT). Es ist (oder sollte es sein!) für die Stabsabteilungen/PSFs – die Hunderte, Tausende von Designsignalen an die internen Kunden aussenden – ebenso wichtig wie für eine »Linienaktivität«, zum Beispiel Marketing.

Und dennoch wird Design in der Regel stiefmütterlich behandelt (besonders im Hinblick auf »Stabsaktivitäten«). Oder schlimmer: Design wird, wenn überhaupt, zum Aufpeppen/Aufpolieren vollendeter Tatsachen verwendet.

Design kann seine Kraft aber nur dann richtig entfalten, wenn es vom ersten Tag an ein anerkannter Bestandteil des Projekts ist.

B-I-T-T-E.

T.D.L./Design + Schönheit

1. DAS IST KEIN SCHERZ: Bewerten Sie jedes Projekt in Ihrem Portfolio … formell … nach:

* Schönheit
* Anmut
* Eleganz

Wenn die – quantitativen! – Werte in diesen Dimensionen gering sind, gestalten Sie das Projekt um. (Wie ich sagte: B-I-T-T-E.)

2. Ziehen Sie ein paar ortsansässige Designer heran, um bei einem Arbeitsessen oder in Trainingsrunden über den möglichen Einfluss von Design auf die Projektidee zu sprechen.

3. Wählen Sie *ein* laufendes Projekt als Testobjekt für Designbewusstsein. (Wählen Sie einen Projektmanager, der sowieso in diese Richtung tendiert.)

4. **Setzen Sie »Design« (Schönheit, Anmut, Eleganz etc.) auf die Tagesordnung jeder Projektbesprechung.**

5. Laden Sie Kunden zu Ihren Trainingsveranstaltungen zum Thema Design ein. Sprechen Sie mit ihnen über die Implikationen von Design für Ihre laufenden und zukünftigen Projekte.

6. Integrieren Sie Design in Ihre PSF-Methodik. (Siehe Kapitel 33.) Bei McKinsey & Co. beispielsweise wurde Design s-e-h-r ernst genommen. (Zu meiner Zeit hatte die Firma einen Vollzeit-Präsentationsdesigner – Gene Zelazny. Und eine Vollzeit-Berichtsstilistin – Barbara Minto.)

38.

EVALUIEREN SIE MÖGLICHE WETTBEWERBSVORTEILE.

Niemand – und keine PSF – ist »in allem großartig«.

Das Geheimnis
für Marktstrategie und
Positionierung der PSF lautet:
»Sie sollten Ihre Stärken kennen.«
(Und Schwächen.)

Der Kern

David Maister stellt in *Professional Service Firm Management* acht mögliche Dimensionen vor, in denen sich eine PSF auszeichnen kann:

* innovative Einstellungsmethoden
* exzellentes Training
* einzigartige Problemlösungsansätze
* besonderes Geschick in der Kundenberatung
* ein besonders wirksames und wertvolles Wissensfundament
* ein eigener Ansatz für die Projekt- und Teamorganisation
* exzellente Forschung & Entwicklung
* die Fähigkeit, auf den Markt und/oder die Kunden zu hören

Klingt gut für meine Ohren! Das heißt, ich könnte es nicht besser sagen. Die Idee: Verwenden Sie diese Liste, oder Ihre eigene Variante, um ehrlich die Stärken und Schwächen Ihrer Abteilung/PSF zu bestimmen. Die Hauptidee ist hierbei nicht, vorhandene Lücken zu schließen, sondern herauszufinden, worin sich Ihre PSF Ihrer Meinung nach hervorheben sollte.

Wichtigere Idee: »Strategie« ist ebenso sehr die Domäne der Personalabteilung (**Ihrer** Personalabteilung) wie eines Unternehmensbereichs von GE.

T.D.L./Strategie und Wettbewerbsvorteil

1. Nehmen Sie die obige Liste von David Maister und bestimmen Sie sorgfältig die Stärken und Schwächen Ihrer Einheit.

2. Nachdem Sie diese Einschätzung vorgenommen haben, initiieren Sie eine kritische Diskussion zu der Frage: »Was soll unsere signifikante Stärke sein?« Erwägen Sie, Kunden/andere kompetente Externe zu Rate zu ziehen.

3. Hat Ihre Abteilung/PSF ein formelles Strategiepapier, das auch so heißt? Und folgt sie einem formellen Prozess der Strategieentwicklung und -überprüfung? Wenn nicht, woran … hängt es?

(**Anmerkung:** »Formell« bedeutet nicht hyperkompliziert! Im Gegenteil: Halten Sie das Papier einfach!)

VII. Talent!

39.

WERDEN SIE EIN EXPERTE ... IN SACHEN TALENT.

Professionelle Servicefirma = Talent. *Punkt.*

Jeder Unternehmer sagt: »Die Mitarbeiter sind unser wichtigster Vermögenswert.« In einer professionellen Servicefirma ... SIND DIE MITARBEITER UNSER E-I-N-Z-I-G-E-R VERMÖGENSWERT. (Eben!)

Meinen Lieblingsbegriff für all dies habe ich von Computerpionier Alan Kay geklaut, der Bob Taylor, den Gründer des Xerox Palo Alto Research Center, als »Talentexperten« bezeichnete. Meine Sicht: Buchhaltung (jetzt PSF/Buchhaltungs AG) = NBA-Mannschaft/Ballettensemble. Das heißt: Bei Basketball und Ballett verwenden wir häufig das T-Wort, »T« wie ... Talent. Warum also nicht im Einkauf?

Der Kern

Das »PSF«-Geschäft ist das Talentgeschäft. (Richtig?) (**Was sonst?**)

Laut dem großen Werbemann David Ogilvy (D. O.): »Unser Gewerbe braucht eine massive Talenttransfusion. Und Talente finden sich meiner Überzeugung nach am ehesten bei den Nonkonformisten, Querdenkern und Rebellen.«

T. P. (meine Wenigkeit): HABEN SIE ... ALSO ... IN LETZTER ZEIT ... IN DER BUCHHALTUNG ... NONKONFORMISTEN, QUERDENKER UND REBELLEN (PER SE) ... ANGEWORBEN/AKTIV REKRUTIERT?

D. O.: »Stelle die Art von Leuten ein, die die Kunden nicht haben und im Traum nicht einstellen würden.«

T. P.: IRGENDWELCHE MUSIKER IN DER BUCHHALTUNG? ARTISTEN IN DER PERSONALABTEILUNG? ROMANCIERS IM MARKETING?

D. O.: »Lass Genie zu.«

T. P.: OH WEH! … SIND SIE DAZU GEWILLT?

WERDEN SIE EIN TALENTEXPERTE

Wenn Sie ein wahrer Kenner von Talenten wären – wie Rajat Gupta, Managing Director bei McKinsey & Co., oder Jerry West, General Manager der Los Angeles Lakers – was würden Sie tun?

Ein Talentexperte …

1. **… verbringt viel Zeit mit der Mitarbeiterauswahl.** Als die Manager sich auf das Thema Qualität stürzten, lernten wir vor allem eines: Es ist nicht wichtig, wer Ihr Guru ist – Deming, Juran, Crosby etc. Was zählt, ist Ihr unbeirrbarer Einsatz für die Sache. Ebenso verhält es sich in Bezug auf Talente. Der Manager einer Sportmannschaft rekrutiert großartiges Talent. Ebenso meine ehemaligen Kollegen von McKinsey & Co. Und … Gary Withers von Imagination oder … David Kelley von IDEO. Also: *Die* Antwort für den Leiter der Finanz- oder Personalabteilung (bekennender PSF-Spezialist!): **Z-E-I-T!** Für den Talentexperten gibt es schlechterdings keine höhere Priorität als … die Rekrutierung und Entwicklung von … Talenten.

2. **… ist ein Lernender in Sachen Mitarbeitereinstellung.** Um ein guter Neurochirurg zu werden, hilft es, das Gehirn zu studieren. Um ein guter Talentbeschaffer und -entwickler zu werden, ist es möglicherweise sinnvoll, das Feld zu s-t-u-d-i-e-r-e-n. Richtig? Aber wie viele von uns können – mit ehrlichem Gesicht – behaupten, sie seien Lernende in Sachen Mitarbeitereinstellung? Beginnen Sie mit … Pierre Mornells *45 Effective Ways for Hiring*

Smart! Dann *Organizing Genius* (dt.: *Geniale Teams*) von Warren Bennis und Patricia Ward Biederman. Und *Hot Groups* von Harold Leavitt und Jean Lipman-Blumen. Sie wollen die Mitarbeitereinstellung beherrschen? Studieren Sie sie!

3. **... macht Talent zum Thema.** Bennis und Biederman sagen, die Leiter großartiger Gruppen »schwelgen im Talent anderer«. **Wunderbar!** Leiter großer Qualitätsprogramme sind Rekordjäger ... auf dem Feld der ... Qualität. Ein Talentexperte ist ein Rekordjäger auf dem Feld des ... Talents.

4. **... denkt wie der Manager einer Sportmannschaft.** Studieren Sie die richtigen Dinge. In diesem Fall jene, die von Natur aus besessen sind ... von Talent. Vergleichen Sie sich mit dem General Manager der Dallas Stars. (Okay? **Warum nicht?**)

5. **... beschränkt die Rolle der Personalabteilung bei der Mitarbeiterauswahl.** Dazu eine Überschrift, die Sie im *Miami Herald* so bald nicht lesen werden: MIAMI HEAT DELEGIERT SPIELEREINKAUF AN PERSONALABTEILUNG. Sie lachen, richtig? Nun, ich habe Ihnen meinen Standpunkt erklärt: Es gibt keinerlei Unterschied zwischen Ihnen/PSF-Manager und dem General Manager der Miami Heat. Also, vergessen Sie die Personalabteilung. Die Mitarbeitereinstellung ist Ihre Chance. Punkt.

6. **... schreibt oder überarbeitet alle Stellenanzeigen selbst.** WOLLEN SIE, DASS IHNEN SCHLECHT WIRD? DANN LESEN SIE DIE STELLENANZEIGEN IHRER FIRMA! So trocken. So öde. So fantasielos. ... Ändern Sie all das. Beginnen Sie heute damit.

7. **... verwendet in Stellenanzeigen eine klare/lebendige Sprache und sagt offen, was er sich wünscht.** Wünschen Sie sich »coole Leute« in der Finanzabteilung?

Dann folgen Sie dem Beispiel eines Unternehmens, das für einen »coolen Finanzvorstand« annonciert. (Warum nicht?) Wünschen Sie sich einen Betriebsleiter mit sonnigem Gemüt? Setzen Sie »sonniges Gemüt« in die Anzeige oder auf den Steckbrief für den Headhunter.

Wichtigere Botschaft: **Verwenden Sie eine klare Alltagssprache.**

Sagen Sie offen, was Sie sich wünschen … in Worten, die ein Zwölfjähriger verstehen kann. (Jetzt kommt mir ein Gedanke: Lassen Sie all Ihre Stellenanzeigen von einem Zwölfjährigen prüfen!)

8. … entwickelt einen strategischen Rekrutierungsplan. In der Abteilung-alias-PSF:

REKRUTIERUNG = STRATEGIE.

Also, wo ist Ihr s-t-r-a-t-e-g-i-s-c-h-e-r Rekrutierungsplan für Ihre 14-köpfige Abteilung Informationssysteme? Dies ist eine »strategische Frage«. Punkt. Richtig? (Ich frage noch einmal: Wo ist der formelle Plan?)

9. … rekrutiert an unkonventionellen Orten. Sie wünschen sich eine richtig coole Buchhaltung (Personalentwicklung)? Also: *Warum rekrutieren Sie von immer denselben Schulen?* Wenn Sie sich für die Abteilung/PSF »außergewöhnliche« Leute wünschen, müssen Sie sie an a-u-ß-e-r-g-e-w-ö-h-n-l-i-c-h-e-n Orten suchen.

10. … wird de facto CDO (Chief Diversity Officer). Kreativität entsteht – in jedem Bereich – dadurch, dass besondere Mischungen miteinander reagieren. So einfach ist das. Also: Wenn Kreativität und Innovation Ihr Ding sind, dann ist … Vielfalt Ihr Zweitname. Jung … und alt. Frauen … oder Männer. Alle Hautfarben, Erfahrungen, Herkunft, Abstammung. **REGENBOGENLAND!** Political

Correctness? Nichts für mich! Kreativität und Innovation sind mein Steckenpferd. Also ist Vielfalt notwendigerweise meine Leidenschaft. (Machen Sie sie zu der Ihren.)

11. … setzt und rekrutiert »multiple Intelligenz«. Howard Gardner, Pädagogikprofessor in Harvard, sagt, dass es mindestens sieben Arten von Intelligenz gibt: Logisch-mathematische, sprachliche, musikalische, räumlich-künstlerische, körperlich-motorische, zwischenmenschliche, individuelle. Das Problem: Wir betonen in der Regel nur eine Art – die logisch-mathematische – und vernachlässigen dabei den größten Teil der menschlichen Kapazitäten. Studieren Sie Gardner. Verhalten Sie sich entsprechend. Stellen Sie unterschiedliche Arten von Intelligenz ein.

12. … denkt künstlerisch. (Ja, verdammt.) Mein Refrain: Jede Buchhaltung/PSF braucht einen Musiker! (Siehe oben.) Ich gebe zu, dass ich bei diesem Thema ganz leidenschaftlich werde. Wir – in den Abteilungen Buchhaltung, Personalwesen und Informationssysteme – haben von den Künsten so viel zu lernen. Um Ihre Gedanken in dieser Richtung anzukurbeln, lesen Sie *Machine Beauty* von David Gelernter. Tenor: Talentexperten wissen Leute mit künstlerischem Hintergrund (oder Vordergrund) zu schätzen. Okay? (Wenn nicht, … warum nicht? Denken Sie darüber nach. Diskutieren Sie darüber. Machen Sie es wie ich: Entwickeln Sie diesbezüglich eine Leidenschaft.)

13. … setzt die besten Leute auf die Rekrutierung, Einstellung, Entwicklung und Betreuung von Talenten an. Kurz: MACHT TALENT ZU EINER ANGELEGENHEIT ALLER. Rekrutierung – und Entwicklung – von Talenten sollte Bestandteil jeder »Jobbeschreibung« sein – einschließlich der für die jüngste Neueinstellung. Kein Scherz. (Kein Scherz = Machen Sie das zum Maßstab. Vom ersten Tag an.)

14. … stellt das Gehaltsschema auf den Kopf. Im professionellen Sport bekommt der Trainer/Manager nur einen Bruchteil des Gehalts seiner Stars. Also, warum nicht … in der Personalabteilung? Warum nicht … im Einkauf? Botschaft: BELOHNEN SIE TALENT. Nicht nur in der NBA. Der »großartige« Personalentwickler, … Einkaufsleiter, … Finanzsachverständige ist Gold wert. Und mehr. Bezahlen Sie ihn. Management ist wichtig. »Talent« ist gewiss wichtiger. Nochmals: Bezahlen Sie dafür entsprechend.

Der Autor Hesh Kestin in *Twenty-First-Century Management* über das Unternehmen Computer Associates: »Wenn dies nach Profisport klingt, so stimmt die Analogie. Der Wert des (Star-)Ingenieurs für CA ist ebenso hoch wie der eines Star-Quarterbacks für ein professionelles Football-Team, und sowohl im Profisport als auch bei CA werden Stars gesucht, entwickelt und angemessen honoriert.«

15. … lanciert und unterhält eine PR-Kampagne mit dem Motto »Ein großartiger Ort zum Arbeiten«, inklusive Firmenwerbung. Verkaufen Sie die Tatsache, dass Sie einen coolen Ort für coole Leute zu bieten haben. Verkaufen Sie sie vorbehaltlos. Wenn Ihr Arbeitsplatz cool *ist,* dann ist die energische Bekanntmachung dessen ebenso wichtig wie die Markenwerbung. In der neuen Wissensökonomie ist ein cooler Arbeitsplatz sogar Kernstück jeder erfolgreichen Markenwerbung! (In PSF-Land: Cooler Ort für coole Leute = Die Marke.)

16. … arbeitet mit allen Beschäftigten an EIPs (Erneuerungs-Investitionsplänen). Talente – in der NBA, auf der Bühne oder Leinwand – verbessern sich ständig oder scheiden aus. Das war bisher in der Welt der Personal-/Finanzabteilungen – mit marginalen Ausnahmen – nicht der Fall. Bis jetzt! Die Botschaft an alle muss lauten: Du musst dich immer wieder – gründlich! – erneuern oder du gerätst ebenso schnell auf's Abstellgleis wie ein Athlet, der nicht in Form ist. Das Geheimnis? Das übliche: Aufmerksamkeit. In diesem Fall: formalisierte Aufmerksamkeit für die Erneuerung. Mein Lieblingsinstrument: ein ... sehr ernst zu nehmender ... formeller **E**rneuerungs-**I**nvestitions**p**lan ... als Kernstück formeller Beurteilungsprozesse. (Keine »erfolgreiche« Erneuerung – keine Beschäftigung. Aua!) (Siehe auch unser *TOP50 – Selbstmanagement* ... als Vorlage für die richtige Motivation zu diesem Thema.)

17. ... verwendet die Projektauswahl und -besetzung als wichtiges Entwicklungsinstrument. Sie sind Ihr Projektportfolio. Deshalb: Talententwicklung = Projektauswahl. Der Talentexperte benutzt zukunftsweisende Projekte des Beschäftigten als Grundlage für dessen sukzessive Entwicklung. Somit richtet sich die Projekteinteilung teilweise (vorrangig?) nach individuellen Entwicklungszielen.

18. ... bewertet alle Manager nach ihren Fähigkeiten zur Talententwicklung. Wenn Expertentum in Sachen Talente das Kennzeichen der effektiven PSF ist, dann besteht die *vorrangige* Kompetenz *jedes* Managers in seiner *praktischen* Fähigkeit, Talente zu rekrutieren und zu entwickeln. Diese Fähigkeit sollte ein vorrangiges Kriterium bei der Auswahl und Beurteilung von Managern sein. (Denken Sie noch einmal an den Manager einer professionellen Sportmannschaft.)

19. ... formuliert Werte und Visionen so, dass sie »Leidenschaft für Talente« widerspiegeln. »Die Mitarbeiter sind unser wichtigster Vermögenswert.« Diesen Satz habe ich bis zum Überdruss gehört. Andererseits muss eine Firma (svw. PSF), die auf Talent setzt, dieses Thema an die Spitze ihrer Unternehmenskultur setzen ... definitionsgemäß. Also sollte Talent an vorderster Stelle im Wertekatalog/Leitbild aufgenommen werden. (Das heißt: Investieren Sie Ihr Geld/Ihre Zeit in kollektive Kommunikationskanäle.)

20. … berücksichtigt bei allen Entscheidungen über Beförderungen die Fähigkeit zur Talentrekrutierung und -entwicklung (»Nancy zeigt eine Leidenschaft für die Talententwicklung« … oder auch nicht). Ich bin ein fanatischer Verfechter von Delegation/Dezentralisierung. Hier handelt es sich jedoch um *die* Ausnahme dieser Regel. Wir brauchen Talentexperten in *allen* Bereichen des Managements. Deshalb müssen wir als Führungskräfte sicherstellen, dass *ausschließlich* … Talentexperten befördert werden. (Einfach, oder?) Wie das zu machen ist? Steuern Sie den Beförderungsprozess von Fall zu Fall. Beförderungsentscheidungen stehen nur alle Jubeljahre an. Das heißt: Lassen Sie keine einzige Gelegenheit ungenutzt!

21. … macht Rekrutierung und Talententwicklung zum Standardthema von Versammlungen und Besprechungen. Das ist eine Variante von … INVESTIEREN SIE ZEIT. Das heißt, setzen Sie Rekrutierung und Entwicklung auf jede Tagesordnung. Immer wieder. Täglich. Wöchentlich. Monatlich. Sobald Sie anfangen, leidenschaftlich »darüber« … zu sprechen, werden Sie auch anfangen, in »diesem« Sinn zu handeln. Und das ist der ganze Punkt!

Die obige Liste ist nicht vollständig. War auch nicht die Absicht. Sie soll nur zeigen, dass ich den Einsatz von »TALENTEXPERTEN« fordern und dann einen *praktischen* Aktionsplan aufstellen kann, um meiner Rede Substanz zu verleihen. Deshalb ist mein Ziel hier bescheiden: Ihr Denken in dieser wichtigen **(!)** Frage auf Touren zu bringen.

T.D.L./Experten in Sachen Talente

1. Lesen Sie dieses Kapitel. Gründlich. Erkennen Sie sich darin wieder? Wenn nicht, … warum nicht?

2. Rufen Sie die ganze Clique zusammen. (Expertentum in Sachen Talent ist ein Mannschaftssport.) Gehen Sie die obige Liste komplett durch.

Bewerten Sie Ihre Gruppe – quantitativ – bezüglich jeden Punktes. Wählen Sie zwei oder drei besonders wichtige Punkte aus. Setzen Sie sich eine Frist von 30 Tagen, um einen Strategieplan zu entwerfen, wie Sie die Leistung der Einheit/PSF in diesen entscheidenden Dimensionen verbessern können.

39a.

ENTWICKELN SIE EINE ANZIEHUNGSKRAFT FÜR TALENTE.

Oder: AUF DIE LEUTE KOMMT ES AN.

Der Kern

Wir *sind* im professionellen Dienstleistungsgeschäft. Das ist die Grundidee dieses Buches … und die zentrale Botschaft der (galaktischen) Revolution der Büroarbeit im frühen 21. Jahrhundert. Deshalb: Wir sind alle im Talentgeschäft … genauso wie Hollywood oder der Broadway oder der Profisport.

Somit wird jeder (PSF-)Gewinner zu einem Magnet für Talent. Das ist, vermute ich, die konsequente Ergänzung zu Kapitel 39. Die ultimative Absichtserklärung:

WIR WOLLEN EIN ORT SEIN, AN DEM COOLE LEUTE SEIN WOLLEN.

(Oder so ähnlich.) Der erste Schritt: Diese Absicht als ausdrücklichen Wunsch in deutlichen Worten – wie oben – mutig formulieren.

Das bedeutet eine Menge harter Arbeit. Und selbstverständlich braucht es erheblich mehr als eine Absichtserklärung. Aber der feste Entschluss, einen sehr coolen Arbeitsplatz zu bieten, ist ein guter Ausgangspunkt.

Was sind die Kennzeichen eines Arbeitsplatzes, der zu einem Magnet für Talente wird? Es ist ein Ort mit …

* einem Portfolio **s**uper**t**oller **P**rojekte.
* guter Atmosphäre – Eifer, Energie, Flexibilität, Freundlichkeit.
* denkerischer Vielfalt: auf der Suche nach Abtrünnigen und den faszinierendsten Lebensläufen.
* jugendlicher Attitüde. Alter ist kein Fehler. (Ich selbst bin nicht mehr jung.) Aber … hohe Energie und Jugend gehen Hand in Hand. (Und häufig lehrt die Erfahrung, dass nur die Jugend die Naivität und den Nerv besitzt, die »einfachen« Dinge zu tun, die die Welt … verändern.)
* Commitment bezüglich des unerbittlichen Strebens, der Beste/Coolste zu sein.
* Freiraum, neue, coole Sachen zu lernen.
* einer Vision von Hightech-vom-Feinsten.
* der Chance, sich ein Stück vom Kuchen abzuschneiden.

T.D.L./Talente anziehen!

1. Das Managementteam der PSF muss eine inspirierende Vision entwickeln. Eine talentorientierte Vision.

(COOLE TYPEN, DIE COOLE SACHEN MACHEN.)

Unternehmen Sie … sofort … einige »erste Schritte«, um zu demonstrieren, dass ein sonniger neuer Tag anbricht. (Ein guter Anfang ließe sich sicherlich damit machen, dass Sie sich zur bekennenden PSF erklären.)

2. Entfernen Sie alles tote/trockene Holz: Projekte, Kunden, Mitarbeiter. Eine hohe Moral wirkt wie ein Magnet, und nichts … tötet diese schneller als griesgrämige Wehleidigkeit. Verzichten Sie auf »Schwarzseher«, rät Werbelegende David Ogilvy. (Und ich schließe mich in aller Bescheidenheit an.)

3. Demonstrieren Sie den neuen Kurs bei der n-ä-c-h-s-t-e-n Einstellungsentscheidung! **Jetzt** ist die Zeit, um zu beweisen, dass Sie sich verändert haben. Lassen Sie die eine oder andere Position vakant – und reduzieren Sie den Druck auf die gestressten Mitarbeiter –, bis Sie wirklich jemanden gefunden haben, der genau in das Bild Ihrer neuen PSF passt. MACHEN SIE HIER BITTE KEINE KOMPROMISSE. DIES IST DER AUGENBLICK. (*Hinweis:* Springen Sie selbst ein und helfen Sie aus, wenn die Besetzung knapp ist, während Sie nach dem richtigen Kandidaten suchen.)

4. Bilden Sie eine **J**ugend-**K**ommission bestehend aus drei oder vier »**j**ungen **W**ilden«, die den Auswahlprozess leiten. Und machen Sie aus deren Projekten Beispiele für die mutige, zukunftsweisende Arbeit, die Sie im Visier haben. (Zukunftsweisende Arbeit = Herzstück der Anziehungskraft für Talente.)

5. Beachten Sie, dass ich den Schwerpunkt nicht auf Bezahlung und Extras gelegt habe. Dies ist zwar nicht unwichtig. Ganz und gar nicht. Aber sie stehen nicht an erster Stelle. Alles beginnt mit der Attraktivität der Arbeit selbst. Punkt. Nur so entsteht eine Anziehungskraft für Talente.

40.

ES LEBE DIE INSTABILITÄT! MISCHEN SIE IHRE TEAMS!

IDEO-Chef David Kelley geht in Bezug auf die Ideen des letzten Kapitels einen Schritt weiter:

Es reicht nicht, eine coole Mischung cooler Leute einzustellen.

Sie müssen die Konstellation der Zusammenarbeit ständig neu mischen, um … frischen Wind in die Teams und ihre Projekte zu bringen und die Arbeit spannend zu halten. Kelley praktiziert Talentsuche ebenso wie der General Manager einer x-beliebigen NBA-Mannschaft. Dann kombiniert er die Talente auf die verrückteste Art und Weise, um jedem Projekt neue Perspektiven zu verleihen.

Der Kern

Folgen Sie ungewöhnlichen Denkmustern!

Denken Sie an David Ogilvy: Stellen Sie Leute ein, die zu beschäftigen sich ein Kunde niemals trauen würde.

Kreativität entsteht – definitionsgemäß – wenn Dinge vermischt werden. Immerzu. Kreativität ist das Ergebnis von Naivität, die schlappen, alten Themen mit einem … veränderten Blick begegnet.

Die Story von IDEO, auf die oben angespielt wurde, gehört dabei zu den gelungensten. Ebenso die von Imagination in Großbritannien. Und die Welt von Apple. David Kelley von IDEO, Gary Withers von Imagination und Steve Jobs von Apple sind Meister des Mischens, Beschwörer des Bizarren, Nabobs der Naivität. Alle drei sind erklärtermaßen entschlossen …

* ein explosives Gemisch von Lebensläufen/Erfahrungen zu rekrutieren.
* die Mischung unentwegt umzurühren und zu würzen.
* an jedes Problem mit frischen (naiven) Ideen heranzugehen.

Das ist für diese drei kein Nebenschauplatz. Es ist eine offen bekundete Kernkompetenz.

Mein Rat: Folgen Sie ihrem Beispiel. Kopieren Sie. Ungeniert.

T.D.L./Meister des Mischens!

1. Machen Sie ungewöhnliche Mischungen zum Herzstück Ihrer »Talentstrategie«. Beginnen Sie jetzt. (Wenn keine Stellen zu besetzen sind, greifen Sie auf ungewöhnliche externe Berater zurück. Siehe Kapitel 27.)

2. Beginnen Sie mit einer Einschätzung der Lebensläufe/Erfahrungen Ihrer gegenwärtigen Teammitglieder. Sie werden mit Sicherheit über manche exotischen Fähigkeiten überrascht sein, die Ihnen bisher verborgen geblieben sind. (*Idee:* Nutzen Sie sie!)

3. Überprüfen Sie sorgfältig jede Projektbesetzung.

Können Sie ein weiteres Talent geschickt in das Team einfügen?

Das kann schwierig werden, weil die aktuellen Teammitglieder sich möglicherweise umgangen oder bedroht fühlen. Also halten Sie Ihre Leute auf dem Laufenden und versuchen Sie sie zu bewegen, die Erweiterung(en) mitzutragen. Beginnen Sie mit der Frage, wen sie sich aussuchen würden, wenn sie zusätzliche Ressourcen bekommen könnten. (Schicken Sie nicht überstürzt irgendein »fabelhaftes neues Talent« in den Ring; andernfalls können Sie sich auf erheblichen Widerstand gefasst machen, der gut und gern die Vorteile zunichte machen kann, die das Talent bietet.) Arbeiten Sie mit Kunden zusammen, um sie dazu zu bewegen, ihren Anteil an neuen Talenten für das gemeinsame Team beizusteuern.

40a.

MISCHUNG ZUM ZWEITEN: FÖRDERN SIE FLUKTUATION!

Keine (oder geringe) Fluktuation – keine natürliche Erneuerung.

Der Kern

Können Sie sich eine professionelle Baseball- (Basketball- etc.) Mannschaft – oder ein Theaterensemble – ohne oder mit geringer Fluktuation vorstellen? Natürlich nicht. Richtig?! Oder eine professionelle Sportmannschaft oder ein Theaterensemble, das nicht versucht, ein paar Stars an Land zu ziehen? (Natürlich nicht. Richtig?!)

Solche vollkommen talentabhängigen Unternehmungen, deren Marktwert häufig im Bereich von mehreren hundert Millionen US-Dollar liegt, leben von dem Mut (oder sterben daran), mit dem sie ihre personelle Zusammensetzung verbessern und ihre Talente mischen.

Ebenso wenig ist es Zufall, dass fast alle Anwaltskanzleien – und viele andere Formen professioneller Dienstleistung – nach den Prinzipien (1) »up-or-out« und (2) Topgehälter-für-Topleute leben. Diese vollständig talentabhängigen Organisationen hängen ebenso (vollkommen) von regelmäßiger »personeller« Erneuerung ab. Und (ganz klar): Stillstand bedeutet Tod!

Willkommen in der Welt des Talents!

Willkommen in der Welt der professionellen Servicefirma!

Fluktuation (der Mitarbeiter) = Erneuerung.

Stillstand = Tod.

(Rasch.)

T.D.L./Mitarbeiterfluktuation

1. Sehen Sie den oben angeführten Fakten ins Auge. Was für die Los Angeles Lakers und die Detroit Lions gilt, gilt auch für die »Einkaufs AG«. Also: Wie gehen wir damit um? Wie fördern wir den Prozess?

2. Als Chef: Bringen Sie Ihren Leuten über den Prozess der Leistungsbewertung eine Version von »up-or-out« nahe. (Es gibt wirklich keine Alternative.) Siehe etwa unser Buch *TOP50 – Selbstmanagement*. Wir behaupten, dass es im Selbstinteresse eines jeden »Beschäftigten« liegt, wie ein wachstumsbesessener, unabhängiger Unternehmer zu denken/zu handeln.

3. Diskutieren Sie dies alles – bei einer Reihe von Arbeitsessen – mit Partnern von örtlichen Anwaltskanzleien, mit dem Manager der lokalen Profi-Basketball-Mannschaft, einem Theaterdirektor.

41.

VERLANGEN SIE VON JEDEM PSF-MITGLIED »ÜBERRAGENDE KOMPETENZ« … AUF E-I-N-E-M GEBIET.

(Oder deren zügige Entwicklung.)

Jeder Einzelne **MUSS** sich einem radikalen persönlichen Entwicklungsprogramm verpflichtet fühlen.

Jeder muss im Sinn einer ICH AG denken. Das heißt, er muss wie ein selbständiger Auftragnehmer agieren. Das dazugehörige Denkmuster: … neu … neu … erneuern … erneuern: »Unser« Geschäft als PSF ist das intellektuelle Kapital. Punkt. Wir tun deshalb verdammt gut daran, uns deutlich abzuheben.

Das heißt:

(1) Jeder muss eine »Reputation« haben … als »coolster Mensch Neuenglands im Bereich Abfindung für Führungskräfte« … oder so ähnlich.

(2) Jeder von uns professionellen Dienstleistern ist deshalb eine eigene Marke (»ICH AG« ist mein bevorzugter Ausdruck) … oder im Begriff, eine zu werden.

(3) Jeder sollte sich deshalb als Unternehmer/CEO der eigenen ICH AG sehen, … der in diesem Augenblick zufällig für die Personal AG tätig ist.

(4) All dies setzt notgedrungen jeden von uns unter Druck, sich radikaler Erneuerung zu verpflichten. DIES ALLES GIPFELT IN EINER LEIDENSCHAFT – UND OBSESSION – FÜR FORTGESETZTE PERSÖNLICHE UND BERUFLICHE ENTWICKLUNG UND ERNEUERUNG.

Ich will hier Klartext reden.

REFRAIN: WIR BESTEHEN DARAUF, DASS JEDER DANACH STREBT, UNBÄNDIG GUT … **IN EINER SACHE** … ZU SEIN.

McKinsey & Co. nannten es »überragende Kompetenz«. Sie können sich aussuchen, was Ihnen gefällt:

* Unbändig gut
* Überragende Kompetenz
* Meisterschaft
* Absolute Klasse
* Heiße Sache
* Der/die Beste

Die Bürorevolution wird profillose »Mitarbeiter« hinwegfegen. Und die wirklich Besonderen so belohnen, dass ihnen schwindlig wird.

Also: **Entscheiden Sie sich für eine Seite.**

Für den PSF-Chef gibt es nichts zu überlegen: Er kann sich niemanden auf seiner Gehaltsliste leisten, der nicht ernsthaft danach strebt, sich … in etwas Besonderem auszuzeichnen.

Diese Idee ist keineswegs neu unter **… Chefköchen, … Professoren, … Schauspielerinnen, … Tenören, … Chirurgen, … Mittelstürmern, … Gärtnern, … Malermeistern.** Offensichtlich jedoch ist es eine mehr oder weniger neue Vorstellung unter »Beschäftigten« in den Abteilungen Personal, Informationssysteme und Einkauf.

Unser Rächer Dilbert hat, vorsichtig ausgedrückt, nicht viel übrig für **g**roße **M**eisterleistung. Nun, die Dinge müssen sich ändern. Schnell. Was, wenn Sie den Nerv dazu haben, sehr cool sein kann. Und sehr befreiend.

Es ist der Klang der Freiheit: der Freiheit, außergewöhnlich, eigenwillig und darauf versessen zu sein, sich als Bester auszuzeichnen, anstatt als ja-sagender Nobody mittelmäßige Arbeit zu verrichten.

Tod dem Firmenmenschen (beruflich)! Zur Hölle mit dem Spießbürgertum!

Genug der Litanei! Aber ich meine es ernst. Das Herzstück der »PSF« sind Leute, die – jeder für sich – entschlossen sind, unübertrefflichen Wert zu schaffen.

T.D.L./Ständige Suche nach unübertrefflichem Wert!

1. Werfen Sie Ihr gegenwärtiges Mitarbeiter-Beurteilungsschema über den Haufen … sofort! Stellen Sie ein neues auf, das die ständige Suche nach unübertrefflichem Wert widerspiegelt. (Wie wär's mit genau diesen Worten?)

2. Okay, okay: Sie wollen also nicht so ohne weiteres auf das gegenwärtige Beurteilungssystem verzichten. Nun, dann **beginnen** Sie wenigstens mit jedem Mitarbeiter der »Abteilung« einen Dialog über das engagierte Streben nach individueller Profilierung. Machen Sie solche »Gespräche« zu einem festen Bestandteil der alltäglichen Kommunikation.

3. Spielen Sie mit Begriffen: Unbändig gut. Überragende Kompetenz. Meisterschaft. Engagiertes Streben nach individueller Profilierung. Ständige Suche nach unübertrefflichem Wert. Sprechen Sie über die mögliche Bedeutung dieser Begriffe. In Einzelgesprächen. Vor der Gruppe.

4. Integrieren Sie die ständige Suche nach unübertrefflichem Wert ausdrücklich in: (1) die Ziele für (2) jedes Mitglied (3) jedes Projektteam. **Starten Sie sofort.**

(5. Toms eigennütziger Vorschlag: Kaufen Sie jedem Beschäftigten ein Exemplar unseres Buches *TOP50 – Selbstmanagement.*)

6. Lassen Sie jeden eine mutige persönliche Zielerklärung verfassen. Nehmen Sie dies sehr ernst. Und machen Sie daraus ... um Himmels willen ... nichts Bürokratisches! Empfohlene Lektüre: *The 7 Habits of Highly Effective People* (dt.: *Die sieben Wege zur Effektivität*) von Stephen Covey. Bringen Sie die Leute dazu, ihre außerberuflichen Leidenschaften zu reflektieren/darüber zu sprechen. Die Idee hierbei: Eine Übertragung dieses Engagements auf ihr berufliches Streben nach Meisterleistung.

41a.

BEWUNDERUNG STEHT VOR ZUNEIGUNG.

Der Kern

Jean Lipman-Blumen und Hal Leavitt haben uns ein wunderbares Buch geschenkt: *Hot Groups*. Eine der interessantesten Aussagen darin: Bewunderung steht vor Zuneigung.

Das heißt, »heiße« Gruppen – und entsprechende professionelle Servicefirmen – sind tatbesessen. Verrückt nach Projekten, wild auf Ergebnisse. Die Teammitglieder bewundern zutiefst die unerschöpflichen Beiträge der übrigen Mitstreiter. Aber das bedeutet nicht notgedrungen, dass sie zusammen eine Kreuzfahrt in die Karibik machen würden.

Großartige PSFs gründen auf gegenseitigem Respekt und Bewunderung für Talent, Leidenschaft, Einsatz und Energie der Kollegen. Und wenn sich überdies Beziehungen entwickeln … Glückwunsch. Aber wenn nicht, dann … ist das kein Unglück.

Ich will bestimmt nicht behaupten, dass die *Chemie* unwichtig ist. Aber ich *will* sagen, dass die wichtige Chemie die des Einsatzes und der Leistungsbereitschaft ist.

In einigen professionellen Sportmannschaften »liebt« man sich. (So habe ich zumindest gehört.) Aber in denen, die ich eingehender kennen gelernt habe, »respektiert« man sich. Zwischen beidem besteht ein Unterschied, der ein wesentliches Merkmal einer großartigen PSF ausmacht: WIR SIND – VORRANGIG – HIER, UM UNS ABZUSCHUFTEN UND WIRKLICH GUTE/COOLE/DENKWÜRDIGE ARBEIT ZU VERRICHTEN, AUF DIE WIR ALLE NOCH NACH FÜNF JAHREN STOLZ SEIN KÖNNEN. Wenn wir dabei auch noch gute Freunde werden, großartig! Aber das ist *nicht* das primäre Ziel des Spiels. Reife Mannschaftsspieler/WOW!-Schöpfer lernen rasch, über die störenden Eigenschaften und Gewohnheiten ihrer Mitstreiter hinwegzusehen – solange sie coole/denkwürdige Arbeit leisten.

T.D.L./Eine Leistungsethik

1. Für PSF-Chefs: Setzen Sie sich mit Ihren Kollegen zusammen und starten Sie einen intensiven Dialog (offenes Ende): Was würde es bedeuten/wie würde es sich anfühlen, wenn der Ort »Buchhaltung« das Äquivalent einer Super-Bowl-Mannschaft wäre? Was würde das für die zwischenmenschlichen Beziehungen bedeuten? Wo wäre die Grenzlinie zwischen Bewunderung und Zuneigung?

2. Sprechen Sie über großartige Gruppen (Pfadfinder-, Theatergruppen etc.), an denen Sie beteiligt waren. Was macht eine großartige Gruppe aus? (Ich wette, an erster Stelle steht der Wille, Großartiges zu leisten.) Übertragen Sie diese Lektionen auf Ihre sprießende PSF und Ihre gegenwärtigen Projekte.

3. Wie gewohnt: Sprechen Sie mit *jedem* Kunden darüber. Schließlich sind unsere Projekte Joint Ventures. (Richtig?) Also: Wie verwandeln wir *gemeinsam* jedes Projektteam in eine großartige Gruppe, die danach strebt, Großartiges zu leisten?

42.

LEIDENSCHAFT *UND* PERFEKTION.

Wir wollen – nein, fordern – Leidenschaft und die Bereitschaft, stets »im Grenzbereich« zu leben. Daneben wollen – nein, fordern – wir außergewöhnlich »professionelles« Verhalten. Nun? So ist das PSF-Leben! Unerhörte Freiheit, Cooles zu tun. Und ebenso unerhörte Anforderungen, es … extrem gut zu machen.

Der Kern

Ich bin ein Fan des *Profi-Football.* Ich habe besonders Bill Walshs San Francisco 49ers und Tom Landrys Dallas Cowboys bewundert. Beide Trainer waren höllisch einfallsreich. (Walsh revolutionierte die Offensive. Landry die Verteidigung.) Beide Mannschaften hatten leidenschaftliche Anführer: Montana (Joe) von den 49ers und Staubach (Roger) von den Cowboys. Und beide Trainer-»Pioniere« waren als Coachs auch waschechte, gestandene, detailversessene Perfektionisten erster Ordnung.

Meine obersten Chefs bei McKinsey & Co. waren *unbändig* intellektuell. *Und* … wahnsinnig fordernd.

Ich habe eine Freundin, die Bücher schreibt und rezensiert (sie gewann Preise für ihre Kritiken). Eines stört sie bei vielem, was sie liest (Belletristik und Sachliteratur), besonders: »Die Kanten sind nicht passgenau.« Was sie meint, ist, dass die Autoren in Details ungenau sind, die Handlungsfäden nicht sauber verknüpfen, sich schludrige Sätze … und »kleinere« Recherchefehler erlauben. Recht hat sie! Und wie ärgerlich! Es ist die Art von Arbeit, die uns heutzutage viel zu häufig begegnet … und sie macht mich rasend …, und sie gehört nicht in *Ihre* PSF (das heißt, falls Sie die Bürorevolution überleben wollen).

Es ist **das** große Paradox: Einerseits im Grenzbereich leben, innerhalb eines kleinen rebellischen Bereichs – eine Meile breit und eine Meile tief. *Und* andererseits der wahnsinnige Druck durch die eigene Person – und das Team –, um sicherzustellen, dass die Kanten passgenau sind.

T.D.L./Mit dem Widerspruch leben!

1. Die große Idee: Machen Sie diesen Widerspruch zu einem wichtigen Thema. Sprechen Sie über Leidenschaft/Fantasie. Sprechen Sie über Leistung/Perfektion. Sprechen Sie über »unglaubliche« Standards … in *beiden* Dimensionen! Machen Sie diesen Diskurs zu einem aktiven Bestandteil des PSF-Alltags.

2. Unterwerfen Sie *jedes* von Ihrer Abteilung-alias-PSF geleistete Stück Arbeit dem Test: »Sind die Kanten passgenau?« Das erfordert eine abschließende, detailversessene Prüfung, um sicherzustellen, dass *jedes* Komma an seinem Platz, *jedes* lose Ende verknotet und *jedes* Problem (und *jedes* potenzielle Problem) erkannt und gelöst ist.

3. **Und** … unterwerfen Sie j-e-d-e-s Projekt dem Test: Ist es WOW!/schön? »Macht-es-Sinn?«

4. Verwenden Sie beide Tests mit geheiligter Regelmäßigkeit.

(Passgenaue Kanten.)

(Macht es Sinn?)

43.

ERZEUGEN SIE GESCHICHTEN/MYTHEN UM »PROJEKTSIEGER«.

Erzeugen Sie Geschichten und Mythen um Leute, die großartige Dinge zu Wege gebracht haben … beim Service für ihre Kunden oder in der Verwirklichung von WOW! Sie sind im Begriff, eine fantastische PSF zu schaffen:

Alle besonderen/coolen Orte brauchen Mythen.

(Dabei können Sie nicht mogeln. Gott behüte, wenn Sie es trotzdem versuchen. Aber wenn Sie es ehrlich meinen, liegt darin … ein mächtiger Anreiz für die Schaffung einer wirkungsvollen Kultur. He, wir alle brauchen Helden.)

Der Kern

Wir sind tief im coolen Bereich? *Richtig?* PSF = cool. (Ehemalige) Buchhaltung = coole professionelle Servicefirma. *Richtig?*

»Coole« Orte leben von »coolen« Sagen. Von Legenden und Erzählungen über mutige Abenteuer, durchgearbeitete Nächte, unglaubliche Schlamassel, heroische, dem (beruflichen) Tod trotzende Kraftakte in letzter Minute.

Ich will es nicht übermäßig romantisieren, aber mein McKinsey … San Francisco 1974 bis 1981 … war ein romantischer Ort. Mein erster Boss, Jim Crownover, sagte: »Wir sind die Filmstars der Geschäftswelt.« Die sonst so zynischen Mädchen und Jungs von den Business Schools fallen in Ohnmacht, sobald der Name McKinsey fällt. (Und »Ohnmacht« ist nicht übertrieben.) Und das ist E-X-A-K-T das, was ich mir für Ihre neugeborene Abteilung-alias-PSF wünsche. (Und ich traue Ihnen das zu!)

Das PSF-Fundament = Projekte.

Das mythische Fundament: Geschichten über coole/WOW!-Menschen, die an coolen/WOW!-Projekten arbeiten.

Jede großartige Organisation braucht Mythen, Legenden, Helden. Also, … sprechen Sie darüber. **Arbeiten Sie daran.** Bewusst.

T.D.L./Geschichten und Mythen

1. Nein. **Sie können hier nicht mogeln.** Und wenn Sie es dennoch versuchen, verfehlen Sie das Ziel, indem Sie Ihre Glaubwürdigkeit zerstören. (Siehe oben.) Aber »es« *ist* mächtig. Also, denken Sie »darüber« nach. Suchen Sie »danach«. Profitieren Sie »davon«, wenn Sie »es« erreichen. **»Es«?** Coole Geschichten von coolen Leuten, die coole Arbeit in coolen Projekten verrichten.

2. Starten Sie einen informellen Rundbrief. Oder eine wöchentliche E-Mail. (He, das ist eine große Sache: Wie viele Buchhaltungs-»Abteilungen« mit eigenem Rundbrief kennen Sie?) Machen Sie es sich zur Gewohnheit, coole Geschichten zu erzählen. Das heißt: Schaffen Sie einen Mythos! Veranstalten Sie ein jährliches Preisverleihungsbankett! (»Vertriebsabteilungen« tun das. Warum nicht das Personalwesen? Warum nicht die Finanzabteilung? **Verdammt!**) Ehren Sie Helden. Wiederholung: Schaffen Sie einen Mythos!

44.

TRAINIEREN SIE IHRE LEUTE. VERMITTELN SIE DIE »GRUNDLAGEN DER PROFESSIONELLEN SERVICEFIRMA«.

Bieten Sie Trainings in Projektgestaltung … und … Problemlösungstechniken an, Trainings in Implementierung, … Kundenbeziehungen und -entwicklung, Trainings in Projektmanagement … und Projektteilnahme.

DER PUNKT: DIESE »THEMEN« – DIE THEMEN DER PROFESSIONELLEN SERVICEFIRMA – SIND TRAINIERBAR!

Zuerst müssen Sie davon überzeugt sein, dass dies wirklich trainierbar *ist*. (Ich bin immer wieder erstaunt, wie wenige Firmen ein solides Projektmanagementtraining … oder *überhaupt* ein Projektmanagementtraining anbieten, das über den Gebrauch von Terminplanungssoftware hinausgeht.) Sobald Sie diese »Machbarkeitshürde« genommen haben, besteht der nächste Schritt in dem langfristigen Ziel, einen *kompletten* Trainingsplan zu entwickeln, der die oben genannten Themen abdeckt. Dann … müssen Sie die Zeit finden, die Trainings durchzuführen!

Der Kern

Arthur Andersen, EDS und Computer Associates gehören zu den (wenigen) PSFs, die für ihre Trainingsprogramme – **besser: Ausbildungslager!** – berühmt sind.

Alle drei Firmen haben einen Ansatz, … eine Methodik. Und sie trainieren sie bis zum Gehtnichtmehr. Meiner Erfahrung nach kommt dies in der durchschnittlichen »Einkaufsabteilung« selten (Untertreibung!) vor.

Mein Ziel: ein komplettes Umdenken im Hinblick auf das Training von professionellen Dienstleistern. Das heißt: Training für den (neuen) Büroarbeiter. Die (überwiegend) (neuen) Themen des Trainingsplans sind:

* WOW!-Projekte
* Projektgestaltung
* Projektumsetzung
* »Verkauf« von WOW!-Projekten
* Leitziele, Werte und Ansätze einer professionellen Servicefirma
* Zusammensetzung heißer Teams
* Zusammenarbeit mit Kunden
* Methodik: Projektansätze
* Projektforschung
* Förderung ungewöhnlicher Talente
* Arbeit mit coolen Externen

Sind *diese* Themen Standard im Trainingsplan Ihrer »Einkaufsabteilung«? Wenn nicht, liege ich … etwa falsch? **(Oder Sie?)**

T.D.L./Generalüberholung für Trainings!

1. Nehmen Sie die obige Liste. Optimieren Sie sie! Fügen Sie Themen hinzu, die für Ihre PSF spezifisch/einmalig sind! Erwägen Sie ernsthaft … **das gesamte Training auszusetzen,** bis Sie … einen fantasievollen Trainingsplan erstellt haben.

2. Lernen Sie von Andersen/EDS/Computer Associates und ähnlichen Firmen. Machen Sie das Trainingsangebot führender professioneller Servicefirmen zu Ihrem Maßstab.

3. IST ES IHR ***EXPLIZITES*** TRAININGSZIEL, EINE SUPER-COOLE/-ERFINDERISCHE PSF ... MIT UNGLAUBLICHEN TALENTEN ... ZU SCHAFFEN, DIE DIE KUNDEN IN DIMENSIONEN FÜHRT, VON DENEN SIE NIEMALS ZU TRÄUMEN GEWAGT HÄTTEN? (Wenn nicht, ... warum nicht?)

45.

SCHAFFEN SIE MÖGLICHKEITEN ZUR ÜBERNAHME VON »PROJEKTVERANTWORTUNG« ... JE EHER, DESTO BESSER.

Es ist möglich.

Trotz meines energischen Eintretens für formelles Training bleibt das Training on-the-job die wichtigste Bewährungsprobe für angehende PSFler mit WOW!-Ambitionen. Und dementsprechend ist Training on-the-job das primäre Ziel führender professioneller Servicefirmen. Das heißt: *Geben Sie auch den unerfahrensten professionellen Dienstleistern rasch eine Gelegenheit zum Projektmanagement.*

Wenn Sie wirklich wollen, dann *können* Sie sehr bald *jedem* Teammitglied eine echte Leitungsfunktion/Zuständigkeit für *irgendeine* Teilaufgabe innerhalb eines Projekts übertragen.

Prinzip: *Nichts fördert so sicher und schnell Fähigkeiten und Vertrauen wie die Verantwortung für das Erzielen von Ergebnissen in der Praxis!*

Der Kern

In ihrem höchst originellen Buch *Corporate Strategy and the Search for Ethics* (dt.: *Unternehmensstrategien und persönliche Verantwortung*) schreiben Ed Freeman und Daniel Gilbert sinngemäß über

persönliche Projektstrategie:

Unternehmen sind menschengeschaffene Institutionen ... Unsere Sicht vom Unternehmen ist

recht einfach. Es ist ein Mittel, mit dessen Hilfe sich Projekte gewisser »Unternehmensmitglieder« realisieren lassen. Ein Unternehmen ist einfach eine Möglichkeit, wie wir unsere Projekte verwirklichen können. Etwas anders ausgedrückt: Menschen durchlaufen das Unternehmen lediglich, um ihre jeweils eigenen Ziele zu erreichen … Ein Unternehmen kann als eine Anzahl von Übereinkommen zwischen seinen Mitgliedern verstanden werden, die ihre Projekte verwirklichen wollen.

Das heißt:

Die »coole Organisation« ist ein Ort, an dem Einzelne – für eine begrenzte Zeit – zusammenkommen, um sich selbst darzustellen und zu entwickeln … mittels Projekten, die Sinn machen.

Oder: Willkommen in der Welt der professionellen Servicefirma … in ihrer (gelegentlichen) Bestform.

Gießen wir noch mehr Öl ins Feuer. Karriere-Guru Tim Hall sagt:

– »Firmen werden Gelegenheiten und Ressourcen bieten, … um den Beschäftigten zu ermöglichen, Identität und Anpassungsfähigkeit zu entwickeln und auf diese Weise die Zuständigkeit für ihre eigene Karriere zu übernehmen.«

– »Wenn der alte Kontrakt mit der Organisation abgeschlossen wurde, so ist in der ›flexiblen‹ Karriere die eigene Person der Vertragspartner.«

Wenn wir all dies addieren, erhalten wir, was ich als DIE PROFESSIONELLE SERVICEFIRMA ALS »CHANCENSTRUKTUR« bezeichne.

Bei McKinsey & Co. konnten sich besonders die »Mächtigen« in den großen Büros wie New York über die »Grafschaften«, diese praktisch autonomen »Mini-Firmen«, die sich um den mächtigen Partner rankten, freuen (oder ärgern). Anwaltskanzleien haben (exakt) dieselbe Struktur.

Und das ist gar nicht so schlecht. Es ist sogar (meistens) gut. Das heißt, professionelle Dienstleistungen sind weniger »professionell« als »persönlich«. (Hoppla, da habe ich gerade das *große* dunkle Geheimnis preisgegeben.) Das heißt, *Associates* – die typische Bezeichnung professioneller Servicefirmen für Beschäftigte auf der Eintrittsebene – suchen die Nähe von coolen *Seniors*, die ihre Mentoren werden. Warum? Weil sie angezogen werden vom Reiz des Geschehens ... und von der Macht ... und der Chance, anhand realer Herausforderungen dazuzulernen/zu wachsen/weiterzukommen.

Professionelle Servicefirmen sind nicht strukturlos. Im Gegenteil! Das Rangsystem ist vielleicht einigermaßen vage ... nicht aber die Hackordnung. Im optimalen Fall sind reale professionelle Servicefirmen vor allem »Meritokratien«. Sie haben (sehr) wenig Toleranz für Leute, die Leistung schuldig bleiben, ob 23-jährig oder 63-jährig.

Ist das »gut« oder »schlecht«? Beides. Ohne Zweifel. Es übt auf alle und jeden einen unnachsichtigen Druck aus, Leistung zu zeigen. **Die schlechte Nachricht:** Stress! **Die (sehr) gute Nachricht:** Leistung/Wachstum/Meritokratie. (Zartbesaitete und Intriganten haben in der projekt-/leistungs-/kundenbestimmten Umgebung einer typischen professionellen Firma einen schweren Stand. Hurra!)

ZUR ILLUSTRATION: RÄNGE BEI MCKINSEY & CO.

Die Rangstruktur bei McKinsey ist nicht brillant. Sie ist aber typisch für eine professionelle Servicefirma. Es gibt dort vier Ebenen:

* **Associate:** Das ist der Job auf der Eintrittsebene, das »Kanonenfutter« für das Projektteam. Man fängt als *Associate* an … und bleibt ein solcher für ein oder zwei Jahre.

* **Engagement Manager:** Das ist der »Teamleiter«/»Projektmanager«. Nachdem man ein paar Jahre in den Schützengräben verbracht hat, erhält man die Verantwortung für ein bescheidenes Projekt … oder *Engagement* (im Sprachgebrauch von McKinsey). Diesen Job macht man die nächsten drei bis vier Jahre.

* **Principal:** In jeder professionellen Servicefirma ist es eine große Sache, zum »Partner auserkoren« zu werden. (Genau die richtigen Worte! Es hat etwas von Salbung.) Dabei ist es – wie im Modell von McKinsey – üblich, zwei Ebenen von Partnern zu unterscheiden: »Junior«-Partner heißen offiziell *Principals*. Das bedeutet übergeordneter Projektmanager mit Zuständigkeit für bestimmte Kunden.

* **Director:** Das ist der Seniorpartner. Der *Director*/»Regenmacher« trägt die Verantwortung für mehrere, oft wichtigere Kunden. Die Grenze zwischen *Principal* und *Director* ist nicht so klar, dass sie sich logisch erklären ließe. *Principals*, die »verdammt gute Sachen« machen und einträgliche Kunden einfangen (und halten), werden … *Directors*.

Wie ich bereits sagte, hat diese Struktur nichts »Brillantes«. Aber es **ist** eine Chancenstruktur, die sich um die zwei großen PSF-Faktoren rankt: Projekte und Kunden.

Die Aufstiegsleiter: Teammitglied, Team-/Projekt-Leiter, Ansprechpartner für Kunden, »Regenmacher«. Wie zu erwarten, unterscheidet sich diese Rangstruktur stark von der einer typischen »Abteilung«.

T.D.L./Leistungs-/Chancen-»Kultur«

1. Besitzt Ihre Einheit/Abteilung/jetzt-PSF eine »Chancenstruktur« … im Sinn der oben beschriebenen Ideen? Bewerben/reißen sich die Beschäftigten um coole (die coolsten) Projekte? Verfügt sie über eine meritokratische/Wachstum-durch-immer-coolere-Projekte-Mentalität?

2. Sprechen Sie (PSF-Chef) bei jeder Gelegenheit über Meritokratie/Aufstieg-durch-coole-Projektleistung?
(Wenn ja, sind Ihre Worte … *glaubwürdig?*)

3. Ist die »Rangstruktur« ausgerichtet an einem Aufstieg, der sich an der Übernahme von immer relevanteren Projekten sowie der Anwerbung und Betreuung hochkarätiger Kunden orientiert?

46.

PFLEGEN SIE DIE GROSSARTIGE FÄHIGKEIT DES ZUHÖRENS.

Nicht nur den Lautstarken – den großen Präsentationskünstlern – gebührt die Aufmerksamkeit.

Wenn wir unsere Kunden »sind«, … dann sollten wir tunlichst gute Zuhörer sein, das heißt: Schätzen Sie auch die Stillen … mit den großen Ohren.

In professionellen Servicefirmen ist die Versuchung stets groß, jenen meisterhaften Präsentationskünstler mit Lob zu überhäufen, der den Kunden … ohne viel Mühe beeindruckt. (Und es ist gut, ihn im Team zu haben.)

Andererseits ist dieser intelligente Kunde vor allem von dem außergewöhnlichen Scharfblick beeindruckt, den das Projektteam beweist.

Und ein solcher Scharfblick ist häufig – sagt meine Erfahrung – dem stillen Teammitglied mit den großen Ohren zu verdanken, das so brillant auf die unterschwelligen Schwingungen lauscht, die interessanten Besonderheiten in den Tiefen der Kundenorganisation entdeckt, alle Geheimnisse kennt und dem Kunden ausführlich und einfühlsam zuhört.

Botschaft: ACHTEN SIE DIESE G-R-O-S-S-E-N OHREN!

Der Kern

Ich gestehe es ein. Ich habe etwas übrig für die spektakulären Menschen. Die Schlagfertigen, die ihre (beeindruckende) Intelligenz am Revers tragen.

Aber: Ich bin auch *bekehrt*.

Ich *habe* meine Lektion gelernt.

Wieder *und* wieder.

Da gibt es diesen Menschen in meinem Team. Herr/Frau Unspektakulär. Still wie das sprichwörtliche Wasser. Für ihn/sie ist »Schlagfertigkeit« geradezu etwas Obszönes.

Und dennoch hat er/sie wieder … *und wieder* … außergewöhnliche Erkenntnisse. Schließlich ging es mir auf, ungefähr im Jahr 15 meiner Karriere als professioneller Dienstleister: **S-I-E HABEN G-R-O-S-S-E OHREN.** (Und relativ kleine Egos.)

Professionelle Dienstleistungen beruhen auf einer echten Partnerschaft mit dem Kunden, wenn es um Problemlösungen geht. Partnerschaften sind stets Straßen, die in beiden Richtungen befahrbar und mit Steinen gepflastert sind, auf denen steht:

Kommunikation/

Kommunikation/

Kommunikation.

Das heißt:

Spitzenleistung = Spitzenleistung im Zuhören.

Ah ja, es ist der Stille! Der die zweistündige Unterredung verlässt, ohne lautstark seine überragende Intelligenz demonstriert zu haben. Aber der sich wirklich in den Kunden und sein Umfeld hineinversetzt hat. Der zwischen den Zeilen gelesen hat. Der unglaubliche, weit mehr als intuitive Einsichten mitgenommen hat. Gott segne ihn.

(Und Gott verdamme diejenigen – wie mich! –, die ihre Klappe nicht halten können. Und die am Ende den Mund häufig zu voll nehmen.)

T.D.L./Segensreiche Zuhörer!

1. Nehmen Sie diese Argumentationslinie ernst. Glauben Sie mir:

Es gibt Weltklasse-Zuhörer. ***Und*** sie sind selten spektakulär. ***Und*** sie sind Gold wert (ihr Gewicht mal zehn).

Also suchen Sie nach ihnen. (Hören Sie von Ihnen?) Sie sind Ihr Lebenselixier!

2. Als PSF-Chef: Loben Sie den stillen Zuhörer, der die außergewöhnlichen Einsichten liefert, öffentlich … in den Himmel.

3. Allgemeiner:

Üben Sie sich im Zuhören.
Es **ist** möglich!

(Das heißt, selbst der Lauteste unter uns kann sich verbessern, wenn … er sich des Problems und der Größe der Chance bewusst ist.)

47.

HALTEN SIE STUBENHOCKER UND FREAKS IN EHREN.

Die Leisen, die zuhören können, sind häufig nur auf den hinteren Ehrenplätzen zu finden. Ebenso die Stubenhocker. Ungesellig bis zum Gehtnichtmehr. Sie würden (*könnten*) mit keinem Kunden plaudern – selbst, wenn es um ihr Leben ginge. Tag für Tag hämmern sie auf die Tastatur … und fördern die erstaunlichsten und sachdienlichsten Informationen zutage … wieder und wieder und wieder.

Botschaft: EHREN SIE DIESE HOFFNUNGSLOS UNGESELLIGEN STUBENHOCKER (ÜBERSCHÜTTEN SIE SIE FÖRMLICH MIT IHRER ANBETUNG)!

Der Kern

In meinen Tagen bei McKinsey & Co. … und bis heute … wurde und werde ich wohl zu den spektakulären Typen gezählt. (Zumindest zu den l-a-u-t-e-r-e-n.) Und häufig werden aus »uns« Anführer. Und häufig bevorzugen wir bei Neueinstelllungen unseresgleichen. Und häufig machen wir damit einen **g-r-o-ß-e-n** Fehler!

Die PSF braucht ihre Frontleute, ihre »Regenmacher«. Aber sie braucht ebenso ihre totalen Sonderlinge, die die … harten (nicht genehmen) Fragen stellen … und die Welt durch eine andere Brille sehen. (Vielleicht lernen wir dies jetzt endlich, wo das Vermögen des Sonderlings Bill Gates 100 *Milliarden* US-Dollar erreicht hat.)

Mein Punkt: Wir brauchen wirkliche Freaks, wenn wir … mit wirklich abgefahrenen neuen Problemlösungen aufwarten wollen.

Finden,

lieben,

bezahlen,

fördern Sie sie.

T.D.L./Gepriesen seien die talentierten Sonderlinge/Freaks!

1. Hat Ihre Abteilung/PSF einen genügend großen Anteil an Sonderlingen? Die Typen, die nicht so ganz in die »etablierte« Umgebung passen, aber für 85 Prozent der fundamentalen Erkenntnisse Ihrer Clique verantwortlich sind?

2. **Suchen Sie ... aktiv ... nach solchen effektiven Sonderlingen/Freaks?** An (sehr) ungewöhnlichen Orten?

3. Sind Sonderlinge/Freaks an »Ihrem Ort« ohne Einschränkung willkommen? Was haben Sie unternommen (konkret – machen Sie mir nichts vor), um Ihren Ort für sie angenehm zu gestalten?

48.

FORDERN! FORDERN! FORDERN!

Verlangen Sie … das Unmögliche.

Von jedem. (Natürlich: zuerst von sich selbst.) »Ich mache mich zu einem beharrlichen Architekten der menschlichen Möglichkeiten.« – Benjamin Zander, Dirigent des Boston Philharmonic Orchestra, einer professionellen Servicefirma.

SEIEN SIE GROSSARTIG! (Warum nicht?)

ALLE! (Warum nicht?)

Es ist nicht herzlos, und es hat nichts mit Lippenbekenntnis zu tun. Es geht um das echte Streben nach Spitzenleistung.

Und warum zur Hölle nicht! Beschäftigen Sie großartige Leute! Bieten Sie großartige Trainings! Ziehen Sie großartige Kunden an Land! Erfinden Sie großartige Projekte!

Und dann … verlangen Sie höflichst persönliches Wachstum + Spitzenleistung.

Okay?

Der Kern

Wir wollen Cooles!

Wir l-i-e-b-e-n Cooles!

Wir erwarten Cooles!

Wir verlangen Cooles!

Dies ist *unser* (PSF-)Haus, und wir … wollen, dass es g-r-o-ß-a-r-t-i-g ist. Richtig?

T.D.L./Cool!

Stellen Sie gegenüber Ihrem Team klar:

Diese PSF ist/wird ein bemerkenswerter Ort.

Und wir wollen … unbedingt,

dass I-H-R ein g-r-o-ß-e-r und

verantwortungsvoller Teil davon seid.

VIII. Es ist unser!

49.

DENKEN, TRÄUMEN UND ... HANDELN SIE NACH DEN PRINZIPIEN WOW! SCHÖNHEIT! WIRKUNG! BESONDERHEIT!

Der Kern

* WOW!
* Schönheit
* Wirkung
* Besonderheit

T.D.L./WOW!

Also, bewerten Sie ... jede Tätigkeit/jedes einzelne Projekt nach:

* WOW!
* Schönheit
* Wirkung
* Besonderheit

Und zwar **... formell ... quantitativ ... regelmäßig.**

50.

DIESER ORT GEHÖRT UNS!

Der Refrain aller Refrains in PSF-Land:

»Wir sind die Personal **AG.**

Dies ist *unser* Platz.

Es ist *unser* Leben.

Wir sind verantwortlich.

Die Entscheidung für … oder gegen … Spitzenleistung liegt bei uns.«

Der Kern

T.D.L./Es gehört uns!

Es gehört *uns*. Also, leben wir … entsprechend.

ANSPRACHE AN DIE SENIORPARTNER EINER GROSSEN INTERNATIONALEN PROFESSIONELLEN SERVICEFIRMA

Anfang Oktober 1998 hielt ich eine einstündige Ansprache vor 275 Seniorpartnern einer der weltweit angesehensten professionellen Servicefirmen. Und das waren die Herausforderungen, von denen ich sprach …

* Planen Sie den größten Coup, seit die Höhlenmenschen begannen, Tauschhandel zu betreiben? (Zitat Arnold Baker, Chef-Ökonom von Sandia National Laboratories.) Und sind Sie Teil der Revolution … oder lediglich »kompetenter Zuschauer«?

* Sind Sie »zu groß, um cool zu sein«? (Toms Anmerkung: Die Firma beschäftigt Tausende.)

* Kämpfen Sie mit dem Zwiespalt: vorsichtige »Markensicherung« kontra mutige grundlegende Innovation?

* Sind Sie sich der Gefahren des Erfolgs bewusst? Zitat nach Gordon MacKenzie, ehemaliger Kreativitäts-Guru von Hallmark (aus seinem Buch *Orbiting the Giant Hairball: A Corporate Fool's Guide to Surviving with Grace*):

  – Leidenschaft erzeugt Erfolg

  – Erfolg erzeugt Erfolgsformeln

  – Erfolgsformeln erzeugen Abschottung gegen Leidenschaft, Vision und Innovation

  – Abschottung erzeugt Rückschritt, Verfall und Auflösung

* Erzeugen Sie WOW!? Ich weiß, dass Sie »exzellente« Arbeit leisten, aber leisten Sie … **großartige** Arbeit? Das heißt: **Arbeit, die … überwältigt, verblüfft, grandios ist?** (He, … dies *sind* grandiose Zeiten.)

* Beschäftigen Sie eine explosive Mischung aus Talenten? »Lassen Sie Genie zu?« – David Ogilvy. Also, tun Sie … das? »Seien Sie offen für die besten Dinge, die jemals von Menschen vollbracht wurden, und versuchen Sie diese Dinge in Ihr Handeln zu integrieren.« – Steve Jobs über seine Praxis, Künstler, Musiker etc. für seine Produktentwicklungsteams zu engagieren. Wie viele Künstler haben Sie in letzter Zeit eingestellt?

* Sind Sie ein Magnet für Talent? Wollen die »Allercoolsten« und nicht nur die »Besten« für Sie arbeiten?

* Gehen Sie echte Risiken ein? Wenn Sie nicht provozieren, sind Sie – de facto – tot. Wenn Sie nicht (vielen) Leuten auf die Füße treten, bleibt Ihr Handeln wirkungslos.

* Haben Sie sich in letzter Zeit von irgendwelchen gewichtigen Kunden getrennt? (Laut Ogilvy ein Imperativ, sobald Sie vereinnahmt werden und/oder die Kunden beginnen, Sie zu strapazieren.)

* Halten Sie sich an den denkbar höchsten Standard? Das impliziert die regelmäßige Frage: WAR ES – DAS PROJEKT – DIE MÜHE WERT? (Henry James' ultimative Herausforderung an Künstler … über »War es gute Arbeit?« hinaus.)

* WIRD MAN SICH AN DIE PROJEKTE, AN DENEN IHRE LEUTE … GERADE JETZT … ARBEITEN, IN ZEHN JAHREN MIT STOLZ ERINNERN? (D-E-N-K-E-N S-I-E D-A-R-Ü-B-E-R N-A-C-H UND VERSCHAUKELN SIE MICH NICHT!)

* Denken Sie an Ihre Grabinschrift? (Sie sind auch nicht mehr so jung.) »Er schuf sich mit ›fleißiger Arbeit‹ ein Vermögen von zehn Millionen US-Dollar.« TP: Prost! (Das heißt:

Aber hat er …
etwas bewirkt?)

T.D.L./Etwas Umwerfendes!

»Etwas Umwerfendes« – **Hiroshi Yamauchi**, der Chef von Nintendo, zu einem führenden Spieledesigner (auf die Frage, was er als Nächstes entwerfen solle).

»Unsterblich« – **David Ogilvy**, über die Art von Werbung, die er sich von seinem kreativsten Mitarbeiter für Kinderkleidung aus Viyella wünschte.

»Lass mich staunen« – **Sergei Diaghilev**, der große Ballettmeister, zu einem seiner Tänzer.

»Wenn man mich fragt, wozu ich auf diese Welt gekommen bin – ich, als Künstler –, dann werde ich antworten, dass ich hier bin, um mein Leben laut zu leben.« – **Emile Zola**

Das Nirwana (im Sinn dieses Buches):

* **WOW!**-Mitarbeiter,
* die an **WOW!**/schönen Projekten
* mit **WOW!**-Wirkung
* für **WOW!**-empfängliche Kunden arbeiten
* und **neu definieren**,
* was Organisationen **sind**
* und **wie** sie ihr Geschäft betreiben.

Ich weiß, dass *Sie* dazu fähig sind.

Die Bewegung!

Wie dreist! Eine Bewegung starten?! Genau das haben wir vor.

Titel: **Arbeit macht Sinn!**

(Oder: Die Anti-Dilbert-Bewegung.)

Uns reicht es mit der Jammerei über böse Chefs. (Oder Firmen.) Es geht – wenn man uns fragt – um unser Leben. Wir werden leben … oder untergehen. Formen … oder geformt werden.

Dilbert ist total witzig. (Das heißt, er trifft den Nagel auf den Kopf.) Und da liegt der Haken. Dilbert steht nicht nur für Zynismus (ein Gefühl, dem ich beipflichten kann), sondern auch für die faktische Akzeptanz von Ohnmacht. Ohne-Macht … ausgerechnet im coolsten Augenblick der Geschichte, in dem es gilt, ein Zeichen zu setzen. Ohne mich!

Es ist **mein** Leben! Das ich ganz lebe. Oder gar nicht. Und ich bin verdammt gewillt, es ganz zu leben. Und ich glaube nicht, dass ich damit allein bin.

Also starten meine Kollegen und ich … dreist … die Bewegung:

Arbeit macht Sinn!

Und wir laden Sie ein, mitzumachen. Kosten der Mitgliedschaft: **Die Zeit, die Sie brauchen, um www.tompeters.com in Ihren Computer zu tippen.** Willkommen an Bord!

(PS: Ihnen ist vielleicht das übergroße **!** in den vorigen Absätzen aufgefallen. Kein Zufall. Es ist unser Symbol … (das Ausrufungszeichen) – ungefähr so weit weg von Dilbert, wie man nur sein kann, was?)

!

www.tompeters.com

EMPFOHLENE LITERATUR

TRUE PROFESSIONALISM, von David Maister (New York: The Free Press, 1997). Maister ist ein PSFler. Und dies ist sein bestes und tiefgründigstes Werk.

MANAGING THE PROFESSIONAL SERVICE FIRM, von David Maister (Boston: Maister & Associates). Eine wunderbare Sammlung von Maisters besten Artikeln. Allesamt empfehlenswert!

OGILVY ON ADVERTISING, von David Ogilvy (New York: Crown, 1983, dt.: *Ogilvy über Werbung*, Econ, 1984). David Ogilvy in Hochform über zahlreiche Themen, nicht zuletzt: Wie man eine Werbeagentur führt.

THE McKINSEY WAY, von Ethan M. Rasiel (New York: McGraw-Hill, 1999). Dieses Buch enthüllt *nicht* die Geheimnisse des Unternehmens, aber es erklärt den Problemlösungsansatz von McKinsey recht gut (was bis dato niemand auch nur versucht hat). SAY IT WITH CHARTS, von McKinseys Präsentationsgenie Gene Zelazny (Homewood, IL: Dow Jones-Irwin, 1985, dt.: *Wie aus Zahlen Bilder werden*, Gabler, 1999), ist ein gutes Begleitbuch dazu; ebenso THE MINTO PYRAMID PRINCIPLE (Southport, UK: Financial Times Management, 1995, dt.: *Das Pyramiden Prinzip*, Econ 1993), von McKinseys Schreibkünstlerin Barbara Minto.

EDUCATING THE REFLECTIVE PRACTITIONER, von Donald A. Schon (San Francisco: Jossey-Bass, 1987). Ein Meisterwerk über professionelles Training. Siehe auch Schons THE REFLECTIVE PRACTITIONER (New York: Basic Books, 1983).

HOT GROUPS, von Jean Lipman-Blumen und Harold J. Leavitt (New York: Oxford University Press, 1999). Hier geht es nicht ausdrücklich um PSFs, aber die in diesem

Buch meisterhaft präsentierte Idee der »heißen Teams« passst perfekt zu meinen Vorstellungen.

RAIN MAKING: THE PROFESSIONAL'S GUIDE TO ATTRACTING NEW CLIENTS, von Ford Harding (Holbrook, MA: Adams Media, 1994). Dies ist ein unverhohlenes »Verkaufsbuch«, eine echte Rarität im PSF-Land und eine lohnende Lektüre.

FINDING THE WINNING EDGE, von Bill Walsh (Champaign, IL: Sports Publishing, 1998). Walsh, der ruhmreiche Trainer der San Francisco 49ers (»das Genie«), führte eine der weltweit effektivsten »PSFs«. Die detaillierte Beschreibung der Methoden des Trainers der National Football League hält für uns alle in der PSF-Welt so manche Lektion bereit.

Für die zitierten Quellen siehe www.tompeters.com

DANKSAGUNGEN

Erik Hansen, Projektmanager für dieses Buch und, zusammen mit Julie Anixter und Ken Silvia, Chefarchitekt der **Bewegung!** (das heißt: Arbeit macht Sinn!).

Sonny Mehta , »der Verleger« , der stets für etwas … Neues und Interessantes gut ist. Edward Kastenmeier (Knopf) und Sebastian Stuart (persönlich!) … für inspirierte und gewissenhafte Korrekturen. (Sebastian hält mir häufig den Spiegel vor.)

Esther Newberg von ICM, die das Buchprojekt mit Gespür und Zähigkeit voranbrachte. Chip Kipp, Design-Guru bei Knopf, der das … »Look-and-Feel« dieser Reihe erfand. Pat Johnson, überzeugte Mitstreiterin und Marketing-Maestrina bei Knopf. Larry und Bunny Holman von WYNCOM für die Seminarreihe *Lessons in Leadership,* die perfekte Plattform, um meine Ideen einer frustrierten Unternehmensbelegschaft zu präsentieren.

Patrik Jonsson und Jim Napolitano von Mulberry Studio … für die Übertragung meiner ursprünglichen Kritzeleien – ja, alle meine ersten Fassungen waren handschriftlich auf gelbem Papier – in ein brauchbares Manuskript. Sue Bencuya … für Recherche. Martha Lawler, Vincent Renstrom und Elyse Friedman … für ihr redaktionelles Geschick … Katherine Hourigan, ohne deren Beistand nichts von alledem wahr geworden wäre … Mel Rosenthal, die half, Irrtümer und Ungereimtheiten zu eliminieren … Andy Hughes und Quinn O'Neill, die aus diesen Worten das gebundene Buch machten, das Sie in Händen halten … Merri Ann Morrell, deren enorme Kraftanstregungen diese Bücher ermöglichten. Und Ian Thomson und Michelle Rotzin, die bei der Tom Peters Company in Palo Alto die Stellung hielten.

Und: Katz (Jon Katzenbach), Bob Waterman, Allen Puckett, Allan Kennedy, John Stewart, Jim Balloun, Jim Crownover und Jim Bennett, die mich bei McKinsey & Co. mit der PSF vertraut machten. Und Marvin Bower, der das moderne McKinsey und somit die moderne PSF schuf; seine Präsenz findet sich auf vielen, vielen Seiten dieses Buches wieder.

Und: Susan Sargent, beste Freundin und Testperson ... für so gut wie alles.

Tom Peters
West Tinmouth, Vermont,
30. Juli 1999

Tom Peters ist Mitautor von *In Search of Excellence* (mit Robert H. Waterman, Jr., dt.: *Auf der Suche nach Spitzenleistungen*) und *A Passion for Excellence* (mit Nancy Austin, dt.: *Leistung aus Leidenschaft*), und der Autor von *Thriving on Chaos* (dt.: *Kreatives Chaos*), *Liberation Management* (dt.: *Jenseits der Hierarchien*), *The Tom Peters Seminar* (dt.: *Das Tom Peters Seminar*), *The Pursuit of WOW!* (dt.: *Der WOW!-Effekt*), *The Circle of Innovation* (dt.: *Der Innovationskreis*) und der Reihe *Reinventing Work* (dt.: *Top50*). Er ist der Gründer der Tom Peters Company, mit Büros in Palo Alto, Boston, Chicago, Cincinnati und London. Er lebt – dank der Revolution in der Informationstechnologie – mit seiner Familie auf einer Farm in Vermont und auf einer Insel vor der Küste von Massachusetts. Er ist zu erreichen unter **tom@tompeters.com.**

***Tom* Peters**

präsentiert

die Reihe **TOP50**– *Arbeit* neu erfinden!!

Technologie heizt eine Businessrevolution an. Wer überleben will, muss sich rasch anpassen und neu orientieren. In diesen wichtigen Büchern erklärt Tom, was vor sich geht, gibt die nötigen Werkzeuge, um der Herausforderung zu begegnen, und macht Ihnen Mut, ... den Schritt zu wagen. Es geht um *Ihre* Zukunft, und dies sind *Ihre* Bücher.

SERVICEMANAGEMENT

Dröges Dilbertville ist Geschichte. Die Champions der Wissensökonomie sind die **professionellen Servicefirmen.**

Die Wirtschaft entwickelt sich im Cyber-Tempo. Das neue Spiel: Wissen gewinnbringend einsetzen. Das neue Organisationsmodell: die **professionelle Servicefirma.** Diese projektorientierten Energiebündel sind seit langem Meister in Sachen **Arbeit, die Sinn macht** – und ihre Gewinne und Erfolge sind der Beweis.

SERVICEMANAGEMENT zeigt Ihnen, wie Sie Ihre »Abteilung« (ein Zwei-Personen-Start-up!) in ein Profit Center verwandeln, das zum Magneten für die viel versprechendsten Talente wird. In 50 leicht verständlichen Kapiteln mit über 200 Handlungsvorschlägen legt Tom umfassend dar: Wie Sie Dringlichkeit und Spannung erzeugen, mit Ihren Kunden zusammenarbeiten (und sich nötigenfalls von ihnen trennen), Informationsflüsse und Zeitpläne meistern, »heiße« Orte kreieren und WOW!-Ergebnisse abliefern ... immer wieder. Dieses Buch ist im neuen Jahrtausend ein Muss.